¿Qué hago con este bebé?

¿Qué hago con este bebé?

134 trucos para sobrevivir al caos cuando tienes un hijo

Asha Dornfest

zenith

Título original: *Parent Hacks®: 134 Genius Shortcuts for Life with Kids*

Primera edición: junio de 2017

Zenith es un sello editorial de Editorial Planeta, S.A.
Avda. Diagonal, 662-664, 08034 Barcelona (España)
www.zenitheditorial.com
www.planetadelibros.com

Diseño de Jean-Marc Troadec

ISBN: 978-84-08-17326-7
Depósito legal: B. 11658 - 2017
Fotocomposición: Gama, sl.
Impresión y encuadernación: Liberdúplex

Impreso en España – *Printed in Spain*

El papel utilizado para la impresión de este libro es cien por cien libre de cloro y está calificado como papel ecológico.

Para Caron Arnold, Sara Carlstead Brumfield, Kara Hagen, Tracy Hengst, Adrienne Jones, Jim Jones, Elana Kehoe, Stu Mark, Rob Monroe, Duane Morin, Heather Petit, Jill Pohl, Kendra Riemermann, Marjorie Wheeler, Homa Woodrum y para los lectores de ParentHacks.com. Os dedico este libro, con toda mi gratitud. Lo hemos conseguido juntos.

Sumario

Introducción

¿Qué te viene a la cabeza cuando piensas en magos? ¿Artistas simulando poderes especiales para entretener a la gente? ¿Ilusionistas creando efectos maravillosos e inexplicables? Ese tipo de gente existe. Y hay un gran grupo de magos influyentes que utilizan su ingenio y creatividad para resolver problemas. Los conoces. De hecho, eres uno de ellos.

Los padres son los magos más listos y prolíficos que existen. Piénsalo bien: ¿Cuándo fue la última vez que el día pasó tal como lo habías previsto? Criar a tus hijos, sobre todo al principio, es una de las tareas más improvisadas del mundo. Te vas sacando trucos de la manga a medida que avanzas y, cada dos por tres, das con una solución brillante o con un apaño que te hace la vida más fácil.

Este libro es un homenaje a esos destellos de genialidad que salvan la situación.

¿Qué es un truco para padres? Disfrutas estando con tu hijo. Claro que sí. Pero admitamos que, además de alegrías, hacer de padre o madre conlleva enfados, dilemas y crisis descomunales, que requieren en su mayoría pensar rápido en circunstancias complicadas. El pañal de tu hijo se satura cuando estás lejísimos de un baño y te has olvidado de reponer el bolso cambiador. El niño está profundamente dormido, pero se le cae el chupete de la boca y se despierta chillando. Estoy convencida de que se te ocurrirían unas cuantas situaciones desastrosas a ti también. Seguramente te haya pasado alguna similar hace un rato.

Un truco para padres es una solución creativa e inesperada a un problema relacionado con los niños. Es una ingeniosa astucia, un apaño acertado, una jugada improvisada que cambia el juego.

Desde el año 2005 me he encargado de recopilar y compartir trucos para padres. De hecho, la idea de *ParentHacks.com* surgió de una simple pregunta que necesitaba desesperadamente que me respondieran cuando me convertí en madre novata: «¿Hay alguien que sepa lo que está haciendo?».

«Esto no es lo que esperaba.» Al principio de ser madre, mi experiencia no acababa de encajar con mis expectativas. Di por supuesto que tener hijos se parecería un poco a la amplia experiencia que tuve al hacer de canguro en mi adolescencia. Pero, evidentemente, la maternidad abarcaba más cosas y duraba más (y no se cobraba), aunque estaba segura de que mi marido Rael y yo podríamos mantener un equilibrio entre cuidar de nuestros hijos y mantener la casa en condiciones.

Pero en vez de esto, los niños lloraban, la casa estaba hecha un desastre y yo tenía la sensación de que me estaba hundiendo. Rael hacía todo lo posible para ayudar, pero yo no tenía ni idea de cómo ayudarme a mí misma. Quería a mi familia con todas mis fuerzas y valoraba nuestra vida juntos. Esto acentuó mis dificultades como madre novata.

Así que hice lo que había hecho toda mi vida: consultar a expertos.

Leí todos los libros sobre paternidad y productividad que pude conseguir suponiendo (o esperando fervorosamente) que otra gente más «cualificada» tendría la respuesta a mis preguntas. Empecé a utilizar sistemas para administrarme el tiempo. Llamé al pediatra. Modifiqué mi manera de comunicarme. Llamé a mi madre. Me gasté unos cuantos cientos de dólares en objetos para organizar el hogar. Llamé a mi psicólogo.

Sin embargo, el asesoramiento profesional no arregló mi nueva vida. En todo caso, debilitó la poca confianza que tenía en mí misma. Me sentí aún más abrumada (¡había tanta información!) y con menos recursos para arreglármelas. (¡Debo de estar haciéndolo mal!) El uso de las redes sociales aún no era generalizado, así que carecía de medios que me permitieran contrastar fácilmente mi experiencia más allá de mi círculo más cercano. La desconfianza en mí misma me había calado hasta los huesos. Mi imperturbable optimismo… había acabado perturbado.

Encontré a mi grupo online. Pero luego descubrí los blogs. Por aquel entonces, los blogs eran algo bastante nuevo, así que encontrarlos era como dar con un mundo secreto. Los padres se estaban aficionando a internet, escribiendo sus propias historias en tiempo real, sin adornos. Yo estaba encandilada. Lo que encontré allí no se parecía en nada a lo que había leído en los libros y las revistas de paternidad. Y por la naturaleza del formato, ofrecían una ventaja adicional muy importante que ningún libro o revista podía dar: ¡la invitación a responder!

Empecé a bloguear de inmediato. La sección de comentarios de mis publicaciones (y de otros blogs) se convirtió en mi tablón de comunicación y en mi válvula de escape, y los lectores y autores de blogs de todo el país se convirtieron en mis amigos. Intercambiábamos ideas entre zonas horarias, nos reíamos de las rarezas parentales de unos y otros, y revelábamos apuros que teníamos miedo de admitir, a veces incluso a nosotros mismos. Mis amigos reales pensaban que era raro que hablara con gente por internet, pero para mí era algo totalmente normal. Había encontrado a mi grupo.

En 2005, lancé *Parent Hacks* («Trucos para padres», en inglés) con la idea de que un blog podía ser útil para algo más que para contar historias; podía ser una plataforma para intercambiar ideas y consejos con otros padres. Tenía la esperanza de que si bastantes de nosotros compartíamos nuestros descubrimientos y los trucos de lo que «a mí me funcionó», podríamos aprender los unos de los otros. La genialidad de un padre podía ayudar a otro en un momento de crisis.

Compartí todos los consejos prácticos que tenía sobre parafernalia para bebés, apaños para la casa, productividad y cambios de perspectiva útiles, e invité a otros padres a que hicieran lo mismo. La mayoría de mis consejos para solucionar problemas infantiles no se parecían a las dulces y tiernas sugerencias que había leído en las revistas. Era más bien como si MacGyver compitiera con *Qué se puede esperar cuando se está esperando.*

En cuestión de meses, padres de todo el mundo me enviaban correos con sus consejos y descubrimientos. Mi bandeja de entrada estaba inundada de maneras inteligentes de afrontar escapes de caca, biberones que gotean, bebés quisquillosos y casas caóticas. Cada publicación en el blog inspiraba debates en la sección de los comentarios, lo cual daba paso a nuevas publicaciones e incluso a conversaciones más interesantes.

En torno a mi blog fue creciendo una comunidad inteligente y generosa, y me encontré rodeada de padres creativos y amables que no tenían miedo de admitir que sí, que la vida con niños es complicada. Aunque seguía teniendo más preguntas que respuestas y en ocasiones aún me notaba saturada, también me sentía con más confianza para solucionar lo que iba surgiendo por el camino. Todos podíamos solucionarlo juntos.

Tú eres el experto, aunque no te lo parezca. Mis lectores me enseñaron algo que desearía haber sabido desde el principio: ser padre consiste en ir haciendo una serie de conjeturas. Pocas veces nos sentimos seguros de lo que hacemos. ¿Cómo quieres que lo estemos si tenemos que tomar decisiones diferentes para cada caso, basadas en información desigual y variables cambiantes, habiendo dormido poco?

Mi blog también me demostró que, sin duda, todos tenemos momentos de iluminación. Tener hijos saca el astuto ninja que llevamos dentro. No cada día, no siempre que lo necesitamos, pero seguro que en algún momento se nos acaba encendiendo la bombilla.

Lo cierto es que nuestros destellos de genialidad se olvidan con demasiada facilidad de camino a la cama. Y ese es el motivo que me llevó a lanzar el blog y a recopilarlo todo ahora en este libro: conservar y divulgar esas joyas. Este libro contiene 134 consejos ilustrados que te harán darte una torta en la frente y preguntarte: «¿Por qué no se me habrá ocurrido antes?».

Encontrarás consejos sobre una amplia variedad de temas que van desde el final del embarazo hasta el nacimiento y los primeros años de vida, desde cómo organizar la casa hasta cómo alimentar y vestir a tus niños, y cómo mantenerlos (relativamente) limpios y sanos. Te dará ideas para simplificar las salidas y los viajes, sugerencias a la hora de jugar y enseñarles cosas, y consejos para gestionar las vacaciones y las ocasiones especiales.

También encontrarás nuevos usos creativos para objetos que seguramente ya tienes en casa.

¡Choca esos cinco, te lo mereces! La comunidad de *Parent Hacks* te proporciona algo más sutil, pero más importante, que los consejos. Yo lo llamo «microrreconocimiento», la enhorabuena por haber descubierto una solución que otros habían pasado por alto. Te mereces una palmadita en la espalda por apañártelas cada día para resolver problemas.

Lo mejor de los trucos para padres es que, por definición, hay más de una manera «correcta» de solucionar un problema. Cada familia es única, así que el hecho de que un truco le haya funcionado a alguien no significa que tenga que (o pueda) funcionarte a ti.

Únete a la conversación con la etiqueta *#parenthacks*. El coloquio continúa y quiero que tú (sí, tú) participes. La próxima vez que des con una solución inteligente a un problema de índole infantil, cuelga una foto en tu red social preferida con la etiqueta *#parenthacks*. Cuanto más intercambiemos nuestros trucos, más hábiles y seguros de nosotros mismos nos sentiremos.

Aunque pienses que «es demasiado obvio» o que «la gente pensará que es tonto», comparte tus trucos. Nunca se sabe… Las ideas más simples son a veces las que cambian vidas.

Visítame. La página web *ParentHacks.com* contiene cientos de trucos que no aparecen en el libro, además de mis últimas novedades (en inglés). También puedes encontrarme en Facebook, Twitter e Instagram como *@ashadornfest*. Me encantaría recibir noticias tuyas.

Ser padres es la atracción más bestia a la que nos subiremos nunca. ¿No es bueno saber que estamos (remando) juntos en este barco? ¡Que empiecen los trucos de magia!

¿CUÁL ES TU TRUCO?
#PARENTHACKS

Capítulo 1
Embarazo y posparto

Cuando llega un bebé al mundo, el universo cambia inexplicablemente, de un modo que es imposible de entender de antemano. ¿Cómo anticipar las necesidades de una personita a la que ni siquiera conoces?

A pesar de lo que hayas escuchado, no hay mucho que hacer antes de que llegue el bebé. Organiza lo básico para el cuidado del bebé, escribe un par de notas de agradecimiento, llena el congelador de comida fácil de preparar (o aún mejor, deja que lo haga otra persona) y disfruta de tu vida sin hijos.

#1

Ensancha la cintura de los vaqueros premamá con una goma para el pelo.

Pasa de los alargadores de cintura para embarazadas: una goma para el pelo te hará la misma función. Introduce una gomita elástica en el ojal de los pantalones y luego ensártala en ella misma, de modo que quede un nudo. Luego estírala hasta alcanzar el botón.

Si la bragueta se baja sola, introduce una segunda goma en el agujero de la cremallera y abróchala en el botón.

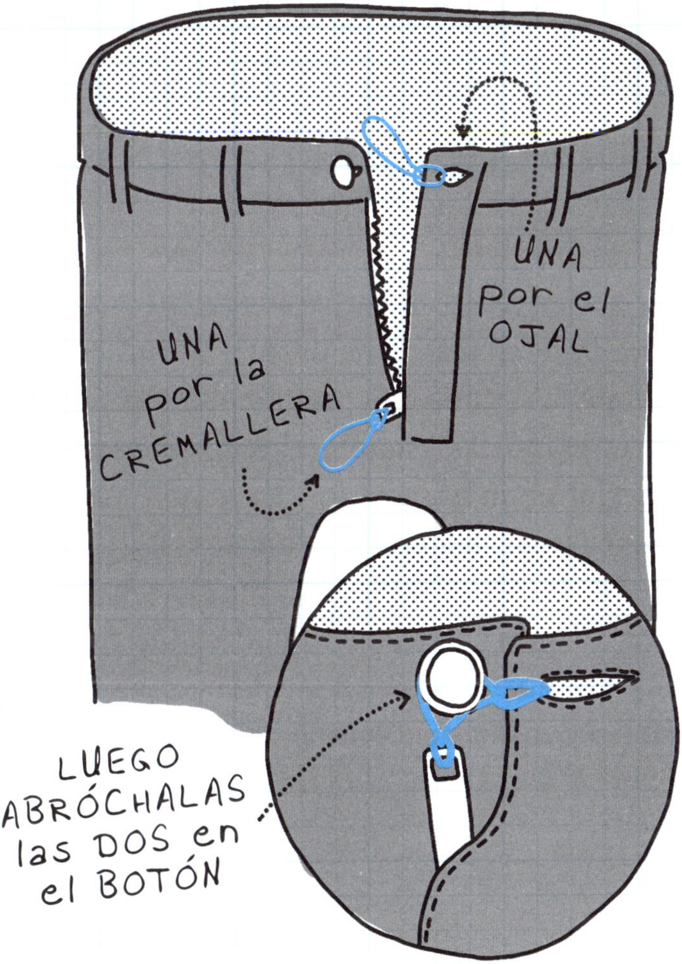
UNA
por el
OJAL
UNA
por la
CREMALLERA
LUEGO
ABRÓCHALAS
las DOS en
el BOTÓN

#2

Ponte una camiseta interior de hombre para tapar al máximo la barriga.

Al final de mi embarazo, me pasaba el día estirándome las camisetas premamá hacia abajo en un intento inútil de mantener cubierta la parte inferior de la barriga.

La solución: un paquete de camisetas interiores de hombre. Son más largas que las camisetas de mujer y pueden resultar una capa base muy útil que te tape sin que te sientas inmensa o a punto de explotar.

¡Las CAMISETAS INTERIORES son ELÁSTICAS!
¡Las CAMISETAS INTERIORES son LARGAS!
(¡Y BARATAS!)

#3

Si ya no te cabe el sujetador, ponte la parte de arriba de un bikini.

Seguirle el ritmo a los enormes cambios que sufre tu cuerpo durante el embarazo puede salir caro. Por ejemplo, en el caso de los sujetadores: tus pechos cambian de tamaño y forma más de una vez durante el embarazo y el posparto. Durante un tiempo te servirán los alargadores de sujetador (puedes encontrarlos en una tienda de ropa premamá), pero a veces se quedan pequeños. Los sujetadores deportivos son más flexibles, pero resulta más difícil ponérselos y quitárselos.

Para algunas, la parte de arriba de un bikini de tiras tapa lo suficiente, a la vez que proporciona la comodidad y el soporte necesarios durante una o varias de estas fases.

PONTE la
PARTE de ARRIBA
de un BIKINI
en VEZ de un
SUJETADOR y
CONSIGUE un LOOK
PLAYERO

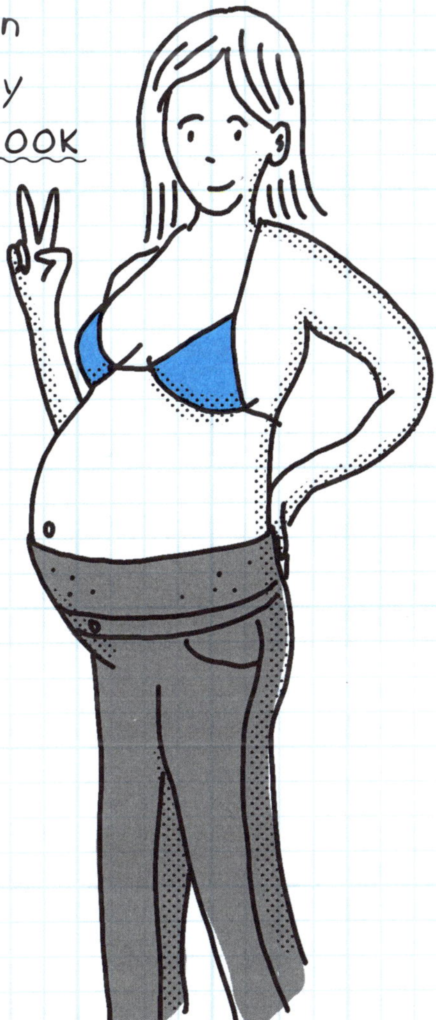

#4

Sácate fotos de los regalos con quien te los dé para acordarte de a quién mandar las notas de agradecimiento.

He aquí un principio en el universo de la paternidad: cuando más se necesitan tus habilidades organizativas, es justo cuando tu cerebro tiene menos capacidad para aplicarlas.

Para hacer un seguimiento de los regalos y de las personas que te los den, escribe con letra bien grande el nombre de la persona en la tarjeta o en el sobre. Luego ponlo al lado del regalo abierto y saca una foto.

Si lo haces en el *baby shower*, pídele a algún amigo que te saque fotos con el regalo y la persona que te lo ha dado. Las fotos sirven de inventario digital y son a la vez un bonito recuerdo de la ocasión.

SACA una FOTO a MODO de RECUERDO VISUAL*
CREMA
para
PEZONES
*SUBIRLA a INSTAGRAM es OPCIONAL

10 objetos para bebés que no necesitas

(con alternativas más inteligentes)

Cuando la gente te pregunta si estás «preparada para la llegada del bebé», normalmente quieren decir: «¿Lo tienes todo?». La gente da por sentado que los bebés requieren una montaña de objetos especializados, pero al principio, lo único que necesitas son algunos productos básicos de cuidados y vestimenta, una silla de bebé robusta para el coche y la estructura de un cochecito, una mochila portabebés, un sacaleches, biberones y algún sitio seguro y cómodo donde pueda dormir el bebé. A medida que tu bebé crezca, te irás volviendo naturalmente una experta a la hora de saber qué necesitas, qué tienes que comprar y qué puedes pedir prestado. Mientras tanto, aquí tienes 10 objetos comunes de los que puedes prescindir.

1 Contenedor de pañales. Vas a tirar muchísimos pañales sucios durante los primeros años. ¿Necesitas un contenedor especial? No. Si utilizas pañales de tela, ya vienen con un contenedor. Si no, te sirve un cubo de la basura con tapa (a poder ser con pedal). Sácate de encima los pañales desechables de inmediato. Tira al váter los excrementos sólidos que puedas, cierra el pañal en una bolsa de plástico usada y ponla en un cubo de basura en el exterior.

2 Mueble cambiador.

Pon un cambiador de loneta encima de una cómoda, o una esterilla impermeable encima de la cama, la secadora o en el suelo. O recicla muebles que puedan servirte, como un carrito de cocina (al que se le puedan bloquear las ruedas) o un escritorio pequeño.

3 Calentador de toallitas.

Simplemente no.

4 Sábanas sofisticadas para la cuna.

Lo único que necesitas para la cuna es una bajera ajustable y un protector de colchón impermeable. Pero si te emociona decorar la cuna, no dejes que la practicidad se interponga en una bonita experiencia.

5 Detergente especial.

Cualquier detergente suave sin perfume te servirá.

6 Productos de baño para bebés.

El jabón suave, el champú y la crema hidratante sirven para toda la familia.

7 Apilador de pañales.

Ten una cestita con pañales cerca de la zona donde cambies al bebé y cuelga en el armario el apilador de pañales que te vino con las sábanas de la cuna para poder guardar sábanas, mantas o peluches.

8 Bañera para el bebé.

Baña al bebé en el lavabo. Cuando crezca y pueda sentarse, usa una cesta de la colada de plástico y ponla en la bañera.

9 Ropa para amamantar.

Después de unas semanas dando el pecho, toda la ropa es ropa para amamantar. Las camisetas elásticas de punto y las rebecas abotonadas por delante son especialmente prácticas.

10 Chales para amamantar.

En poco tiempo descubrirás cómo amamantar al bebé de forma discreta. Hasta entonces, si te da apuro, ponte un arrullo fino por encima del hombro (o ata dos esquinas y cuélgatelo del cuello).

#5

Duerme más cómoda haciéndote tu propio cojín de embarazada.

¿No puedes dormir con esa especie de bola de bolos pegada a la barriga? Abrazar una almohada grande cuando estés tumbada de lado ayuda. Antes de dejarte el bolsillo en una almohada especial para embarazadas (€€€), ¿por qué no te haces una tú misma?

Mete dos almohadas blandas de tamaño estándar en una funda de almohada de matrimonio. Colócalas de manera que estés cómoda (y tu barriga también) cuando te tumbes de lado.

FUNDA de ALMOHADA
de MATRIMONIO
2 ALMOHADAS
de TAMAÑO
ESTÁNDAR

#6

Lleva un pañal para adultos por si rompes aguas antes del parto.

Esto de «romper aguas» suena mucho más dramático de lo que realmente es. No duele, pero si pasa, tienes una situación embarazosa entre manos (bueno, entre las piernas).

No pasa nada. Lleva un pañal para adultos en el bolso (y si te preocupa mucho, póntelo en vez de las bragas). Seguramente no lo necesitarás, pero si al final lo necesitas, agradecerás haber sido previsora.

¿Qué hacer con el resto de los pañales para adultos que te quedarán en el paquete? Te resultarán útiles durante la recuperación del posparto (véase página 27).

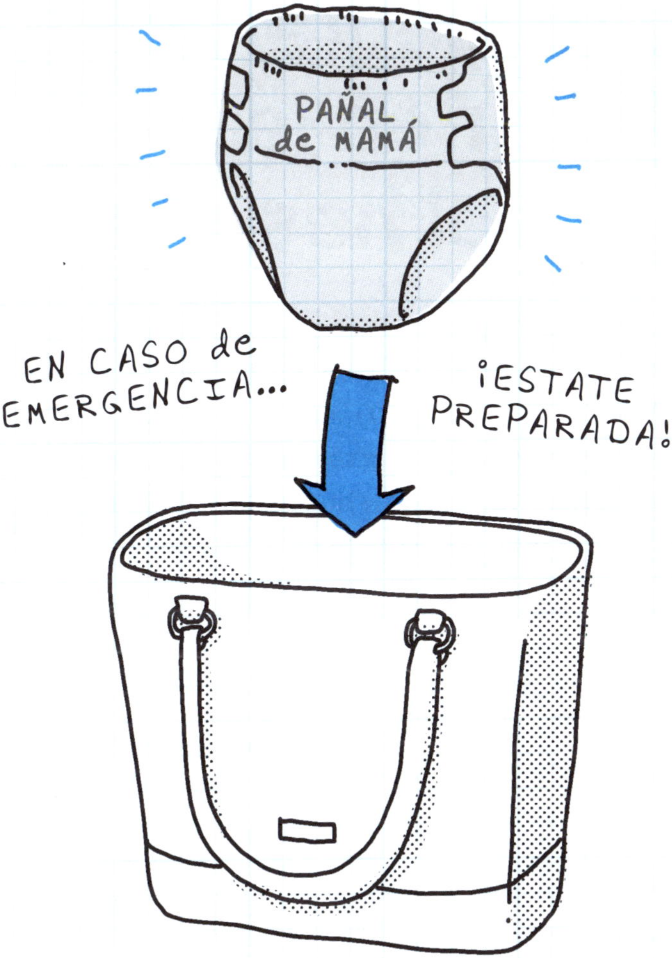
PAÑAL
de MAMÁ
EN CASO de
EMERGENCIA...
¡ESTATE
PREPARADA!

9 cosas prescindibles que te alegrarás de tener en la bolsa del hospital

Cuando estés en el hospital, no necesitarás mucho más de lo que te den allí o de lo que alguien pueda llevarte. Aun así, plantéate llevarte contigo algunas comodidades, aunque no sean estrictamente necesarias. Cuando estés atrapada en el hospital en medio de una felicidad/caos hormonal, te será muy útil tener unos cuantos lujos.

1 Un albornoz ligero y económico. Te sentirás como en el paraíso tras llevar una bata de hospital durante horas. Puede que lo estropees (en una palabra: FLUIDOS), pero estarás más cómoda.

2 Gomas de pelo o una diadema. Si tienes el pelo largo, querrás apartártelo de la cara. O quizá sea el momento de hacerte ese corte de pelo que te estabas planteando.

3 Calzado cómodo que no te importe tirar. Aquellos calcetines peluditos y suaves, junto con unas zapatillas cómodas, serán un cálido abrazo para los pies.

4 Tus cosméticos y artículos preferidos de aseo personal. No se trata tanto de presumir como de confort físico y psicológico. El olor de tu acondicionador preferido le dará un aire de normalidad al torbellino del posparto.

5 Champú seco. Puede que tengas que esperar uno o dos días para poder ducharte. El champú seco es fabuloso para revitalizar el pelo y el cuero cabelludo.

6 Una toalla. Las toallas de hospital son realmente finas y rasposas. En cuanto te puedas duchar, querrás una toalla suave y grande. Lleva una que no te importe dejar allí.

7 Un cojín de lactancia. Al principio te costará pillarle el tranquillo a lo de amamantar. Puedes utilizar una almohada del hospital, pero seguramente preferirás el confort y la forma de un cojín de lactancia.

8 Un pañal para adultos. Por si dar a luz no fuera ya dramático, también tendrás la oportunidad de experimentar los fluidos del posparto, que hacen la competencia a la regla más larga y pesada que hayas tenido nunca. Qué alegría. Muchas de las madres que ya lo han pasado aseguran que un pañal para adultos es la mejor herramienta durante esa… regla.

9 Pantalones elásticos y una camiseta ancha para volver a casa. Cualquier cosa elástica, lavable y cómoda te servirá.

#7

Las compresas de hoja de col te ayudan a aliviar la hinchazón de pechos y pies.

Cuando das de mamar, la producción de leche tarda un tiempo en regularse y, para algunas, la congestión mamaria (pechos dolorosamente llenos) complica la situación durante las primeras semanas. Hay un remedio antiguo que utiliza productos del huerto: hojas de col.

Para crear una compresa, sácale unas cuantas hojas a la col. Aplasta las venas con un rodillo de amasar y luego cúbrete los pechos con las hojas durante 20 o 30 minutos, o hasta que se pongan pochas. Repítelo tres o cuatro veces al día hasta que te baje la hinchazón (un día o dos).

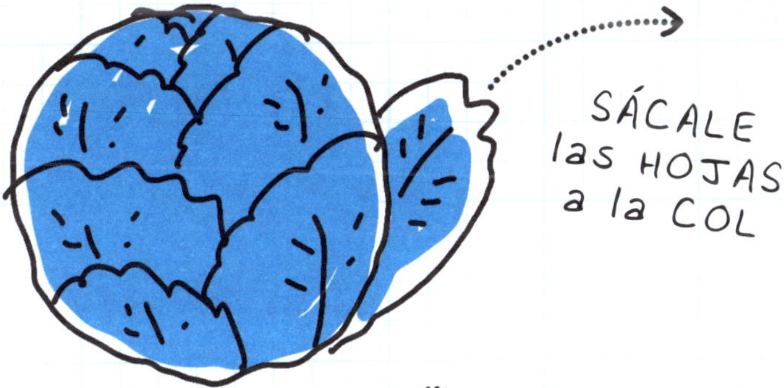
SÁCALE
las HOJAS
a la COL

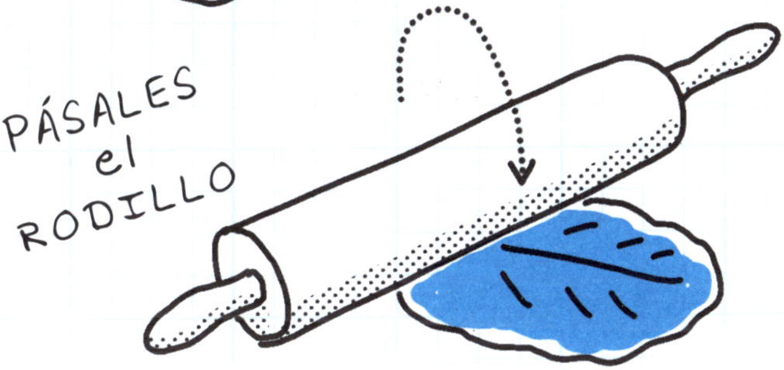
PÁSALES
el
RODILLO

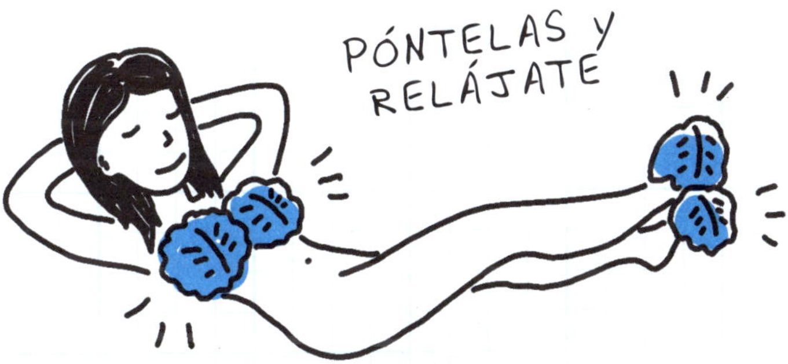
PÓNTELAS y
RELÁJATE

#8

Congela una compresa para que te ayude a curarte después de dar a luz.

Después de un parto vaginal, los delicados tejidos de ahí abajo necesitan tiempo para curarse. Para conseguir que una compresa se conserve fresca, humedécela (no la empapes) y congélala.

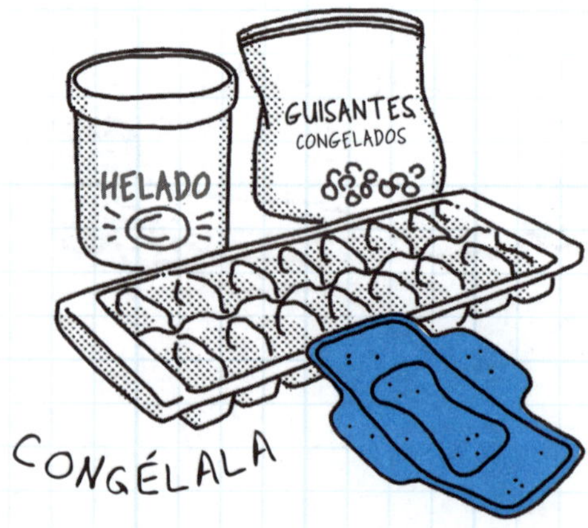

9

Ponte una chaqueta premamá encima de la mochila portabebés.

La manera más fácil de transportar o calmar a un recién nacido es llevarlo en una mochila portabebés. Si hace frío, mantente calentita abrochándote la chaqueta premamá por encima del bebé.

#10

Utiliza pasta de dientes para marcar dónde deben ir los agujeros al colgar un cuadro.

Aquí tienes un truquillo para colgar arte de manera rápida y precisa en la habitación del bebé (¡o en cualquier habitación, en realidad!). Pon una pizca de pasta de dientes en la parte dentada detrás del marco y luego presiona el cuadro contra la pared. Dejarás una pequeña marca de pasta blanca que te indicará donde debes colocar el clavo.

Si el cuadro tiene un alambre para colgarlo, aguántalo tensado y pon la pasta en el centro del alambre, coloca el cuadro en la pared y presiona ligeramente.

1
PON una PIZCA de PASTA de DIENTES DETRÁS...
2
COLOCA el CUADRO en la PARED...
3
¡PON el TACO en el PUNTO EXACTO a la PRIMERA!

MÁS ALLÁ de los CULITOS SUCIOS, las

TOALLITAS PARA BEBÉS

son la SOLUCIÓN PERFECTA para la GRAN CANTIDAD de SUCIEDAD del DÍA a DÍA.

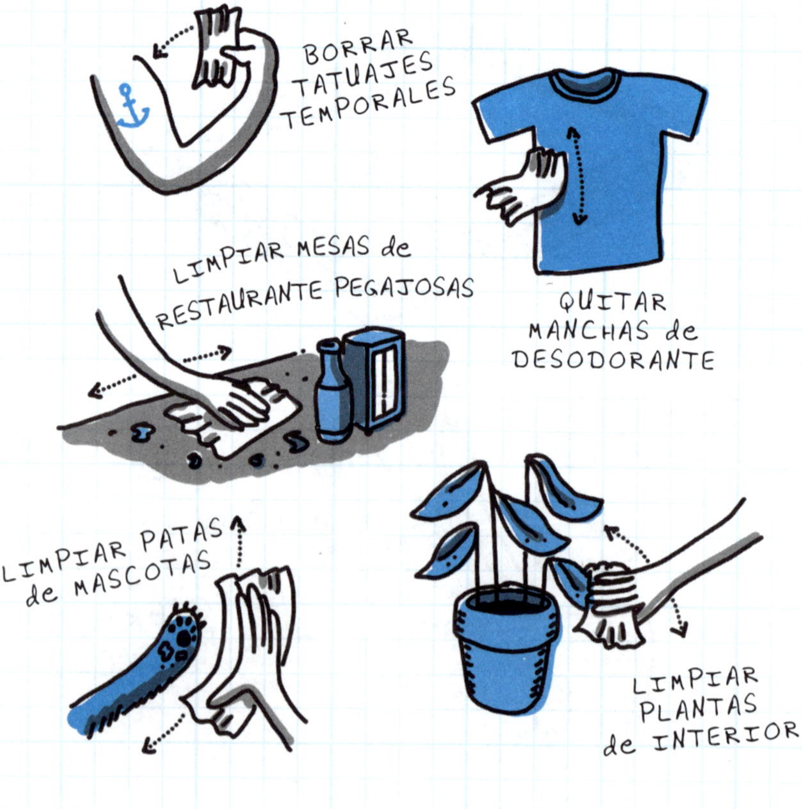

LIMPIAR el SALPICADERO
RECAMBIO para la MOPA
TOALLITA FACIAL y DESMAQUILLANTE
LIMPIAR ASIENTOS de COCHE
BORRAR DIBUJOS de la PARED

5 alternativas al álbum del bebé tradicional

Por mucho que lo pongamos todo de nuestra parte para anotar todos esos hitos y primeras veces, a la que llega el bebé, la vida pasa y todo se va a pique.

No dejes que lo del álbum del bebé te haga sentir mal y te prive de registrar esa etapa. Será una joya, sin importar su formato. Aquí tienes algunos consejos para tomar notas mientras la vida pasa en un abrir y cerrar de ojos. Utilízalos para rellenar el álbum del bebé más adelante, o para sustituirlo por completo.

1 Un calendario. Pon una agenda junto al cambiador y anota unas cuantas cositas y observaciones cada día.

2 Tarjetones. Ten un mazo de tarjetones a mano. Cuando te sientas inspirada, escribe una frase o dos en una tarjeta y ponle la fecha.

3 Una libreta. Lleva encima un pequeño diario para escribir notas rápidas. Más tarde puedes pegar también dibujos y fotos.

4 Una caja. Llena una caja de notas, fotos y recuerdos. Ponle la fecha a todo.

5 Tu móvil. Las fotos, los vídeos y las notas de tu móvil llevan automáticamente la fecha, y puedes descargarte las mejores o imprimirlas (o colgarlas en las redes) más adelante. (Asegúrate de hacer copias de seguridad.)

Capítulo 2
Organizar el tiempo y el espacio

Tu bebé ha dejado de ser un bulto amorfo en la barriga. Ahora es un ser humano que respira, come y hace caca (y si tienes suerte, duerme), y que te ha robado la casa y el corazón.

Por muy pequeños que sean, los niños influyen en cada habitación del hogar. Ha llegado el momento de planear una buena organización y gestión del tiempo. Como era de esperar, ahora tienes menos tiempo para pensar en cómo utilizar el tiempo y menos capacidad mental para dedicar a tu capacidad mental actual.

El objetivo no es lograr la perfección doméstica ni una eficiencia robótica, sino un refugio confortable y un poco de tiempo para disfrutarlo.

#11

Ordena tu lista de tareas según el tiempo que tardes en realizar cada una.

Poner por escrito una lista de tareas es la mejor manera de darle un respiro a tu atormentada memoria.

Pon una etiqueta a cada tarea según el tiempo que tardes en realizarla («5 minutos», «15 minutos», o la duración que tú quieras). Las aplicaciones electrónicas para hacer listas de tareas te permiten categorizarlas, pero si prefieres una lista en papel, usa un boli y escribe el tiempo que tardarás al lado de cada tarea.

Cuando encuentres un momento libre, échale un vistazo a tu lista para ver qué tareas tienes tiempo de completar.

LISTA DE TAREAS
TIEMPO
TAREA
10 MIN
LAVAR LOS PLATOS
5 MIN
LIMPIAR LA TRONA
5 MIN
HACER LA LISTA DE TAREAS
15 MIN
ORGANIZAR LA COLADA
45 MIN
LIMPIAR EL BAÑO
1 MIN SACAR PUNTA AL LÁPIZ

#12

Organiza los cables de los cargadores con tubos de papel higiénico.

Es posible que esto de ser madre se te haya juntado con tu ya abrumadora colección de cables. En vez de tirarlos dentro de un cajón, enrolla cada uno de ellos y mételo en un tubo de papel higiénico, con el nombre del aparato al que pertenecen.

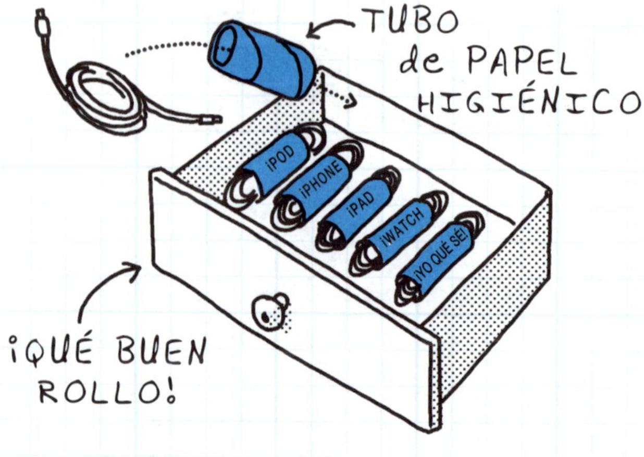

#13

Transforma una estantería de libros en un armario ropero.

¿Andas justa de espacio en los armarios? Transforma una estantería de libros ajustable en un armario ropero: saca un estante y coloca una barra de tensión con resortes en el interior.

19 tareas de limpieza y organización que no te llevarán más de 10 minutos

Lo de tener tiempo sin interrupciones es cosa del pasado. Una de las mejores habilidades que puedes desarrollar como madre novata es el don de acabar con las tareas cortas y partir las más largas en fragmentos de 10 minutos. De este modo puedes tachar de la lista esas agobiantes tareas domésticas incluso cuando no estés segura de cuánto tiempo libre te queda. Ponte un temporizador u observa lo que te da tiempo a hacer mientras el microondas te recalienta la comida: te sorprenderá lo mucho que puedes llegar a hacer. Aquí tienes algunas sugerencias para ponerte en marcha:

1 **Abre** las cartas, escribe la fecha de vencimiento de las facturas, ponlas en una carpeta y recicla los sobres.

2 **Recoge** periódicos, revistas y folletos antiguos que encuentres por casa y recíclalos.

3 **Ordena** y vuelve a doblar toda la ropa, pero solo de uno de los cajones de la cómoda.

4 **Limpia** o barre las migas y otros restos del cajón de los cubiertos de la cocina.

5 **Vacía** todos los cubos de basura de la casa.

6 **Barre** y ordena la entrada de casa (te hará sentir mejor respecto al resto de la casa).

7 **Pásale un trapo** al lavabo, a la encimera y al váter.

8 **Abre** el archivador, saca solo un fichero, organiza el contenido, destruye el material obsoleto y vuelve a meter el resto en el archivador.

9 **Recicla** los envases de plástico desparejados y desechables que ocupan espacio en los armarios de la cocina.

10 **Limpia y ordena** solo una estantería de libros.

11 **Despeja** u ordena la mesita baja del salón.

12 **Ordena** el maletero y el interior del coche, y pásale un trapo al salpicadero.

13 **Edita** y organiza fotos (en papel o digitales) durante 10 minutos.

14 **Organiza** la bandeja de entrada de tu correo electrónico.

15 **Humedece** un trozo de papel de cocina y limpia el interior del microondas.

16 **Ordena** el armario de debajo del lavabo o del fregadero.

17 **Vacía** la bolsa o la mochila de los pañales.

18 **Haz** la cama. (¡Incluso puedes darte el capricho de poner sábanas limpias!)

19 **Ordena** y limpia el cajón de las verduras de la nevera.

#14

Firma y escribe la dirección en un lote de tarjetas de cumpleaños con antelación.

Mi madre y mi tía tienen el increíble don de enviar tarjetas de cumpleaños puntualmente a toda la familia. Vaya, esta habilidad se ha saltado una generación y yo me he pasado años sintiéndome mal por mandar las felicitaciones con retraso. Este sistema pone punto y final a ese sentimiento de culpa.

Compra cuatro o cinco tarjetas de cumpleaños a la vez. A la que tengas un momento, escribe las tarjetas para sus destinatarios. Fírmalas, mételas en un sobre, escribe en él la dirección y ponle un sello. Luego guárdalas en algún sitio que puedas recordar.

Finalmente, ponte una alarma que te recuerde mandar cada tarjeta tres o cuatro días antes de cada cumpleaños.

1. COMPRA VARIAS TARJETAS DE CUMPLEAÑOS

2. ESCRÍBELAS a la VEZ

3. NO te OLVIDES

LOS BOLSILLITOS en CUADRÍCULA de un

ZAPATERO COLGANTE

son GENIALES para ALMACENAR COSITAS. EVITA que los BOLSILLOS INFERIORES ESTÉN al ALCANCE de los NIÑOS (o LLÉNALOS de COSAS APTAS para ELLOS).

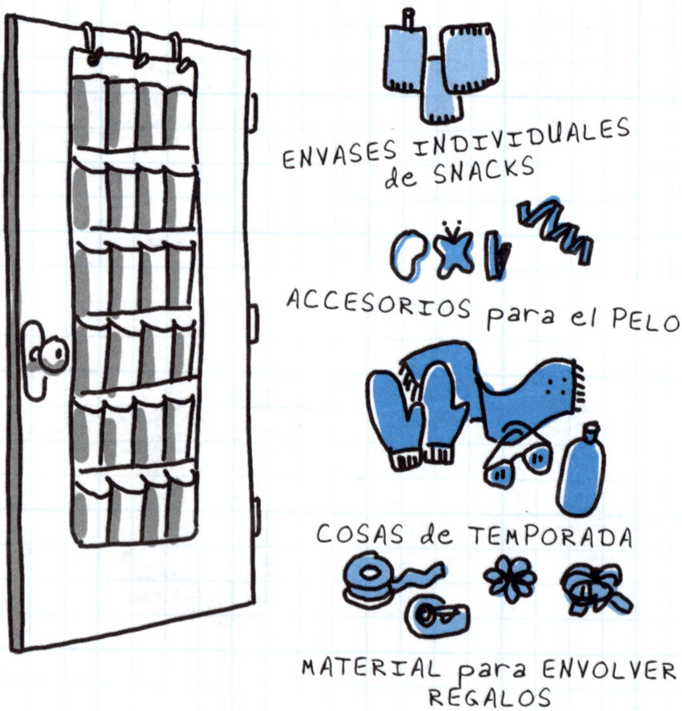

APARATOS ELECTRÓNICOS y CARGADORES
JUEGOS de CARTAS
COSAS para la COLADA
HERRAMIENTAS
COLECCIONES de JUGUETES PEQUEÑOS
CALCETINES y MEDIAS
FACTURAS y MATERIAL para ENVIAR CARTAS
OBJETOS de COCINA
JOYAS y ACCESORIOS
COSAS para el CUIDADO del BEBÉ
BOTELLAS de AGUA

#15

Quita el pelo de las mascotas de los muebles con una escobilla limpiacristales y un par de guantes de goma.

No hay nada que atraiga más el pelo de las mascotas que las rodillas de un bebé gateando o las pegajosas manos de un niño. Pasa una escobilla limpiacristales por la alfombra o tapicería. El pelo se juntará en una pila que te resultará más fácil de recoger o aspirar.

Para los rincones que no puedas alcanzar con la escobilla limpiacristales, ponte un par de guantes de goma para frotar y reunir el resto de los pelos.

8 respuestas a la pregunta: «¿En qué puedo ayudarte?»

La gente quiere saber qué puede hacer para ayudarte, pero tal vez estés tan cansada o desconcertada por culpa de las hormonas que no se te ocurra una respuesta.

La próxima vez que alguien te pregunte, enséñales esta página.

1 Tráeme comida. Las mejores comidas vienen en una sola sartén o cazuela, son congelables y son prácticas sobras. Y por otro lado, cualquier comida que prepare otra persona será la bomba, sobre todo si te la puedes comer con una mano. *Consejo:* Si tus amigos te traen comida en táperes que tendrás que devolver, etiquétalos al instante (con cinta de carrocero y un rotulador permanente) o traspasa la comida a uno de tus táperes, para que puedan llevarse el suyo.

2 Hazme la compra. Ten la lista de la compra en una pizarra en la cocina o una versión electrónica a punto para compartir. Pide a tus amigos que te avisen cuando estén comprando para que puedas mandarles tu lista o pasarles una foto de tu pizarra. Y recuerda que no puedes vivir a base de *pizzas*. Pide a tus amigos que te traigan un poco de fruta deshidratada y frutos secos, o fruta fresca limpia y cortadita, y verduras para las ensaladas y para picar.

3 Lava los platos. Por muy incómodo que parezca pedirles a tus amigos que te laven los platos es algo que todo el mundo sabe hacer y es relativamente breve, así que resulta fácil de delegar. Imagínate lo maravilloso que sería entrar en una cocina limpia. Recuerda que tus amigos «quieren ayudarte».

4 Hazme la colada. Lo bueno de la colada (en este caso) es que siempre hay algo de ropa esperando su turno. Tus amigos pueden ponerte una lavadora o una secadora, doblarte la ropa o cambiar y lavar las toallas.

5 Pon la dirección y el sello en estas cartas. Todas esas tarjetas para anunciar el nacimiento del bebé y las notas de agradecimiento no van a mandarse solas. Deja que tus amigos te echen una mano con lo de cerrar las cartas, pegar los sellos y escribir las direcciones en los sobres.

6 Saca el perro a pasear. O acaricia al gato. Es posible que tu mascota esté confundida y, seguramente, inquieta por el nuevo ocupa en casa, y por sus horarios. Deja que los invitados a quienes les gusten los animales les presten tanta atención como quieran.

7 Llévate a los hermanitos de excursión. A los hermanos y hermanas mayores les encantará ese trato especial y de celebración «solo para niños mayores».

8 Cuida al bebé. Pídeles una hora, para que puedas echar una cabezadita. O 15 minutos, para que puedas ducharte. O 5 minutos, para que, simplemente, puedas tener un momento para ti misma.

#16

Coloca una barra de más en la bañera para aumentar el espacio de almacenaje y secado.

Si los estantes de la bañera están a rebosar de juguetes, champú y paños empapados, coloca una barra de cortina de ducha dentro de la bañera, a suficiente altura para que no esté al alcance del niño ni te des cabezazos. Utilízala para que los bañadores y las prendas delicadas se sequen más rápidamente, y cuélgale cestas de plástico ligeras con ganchos de cortina para guardar juguetes de baño.

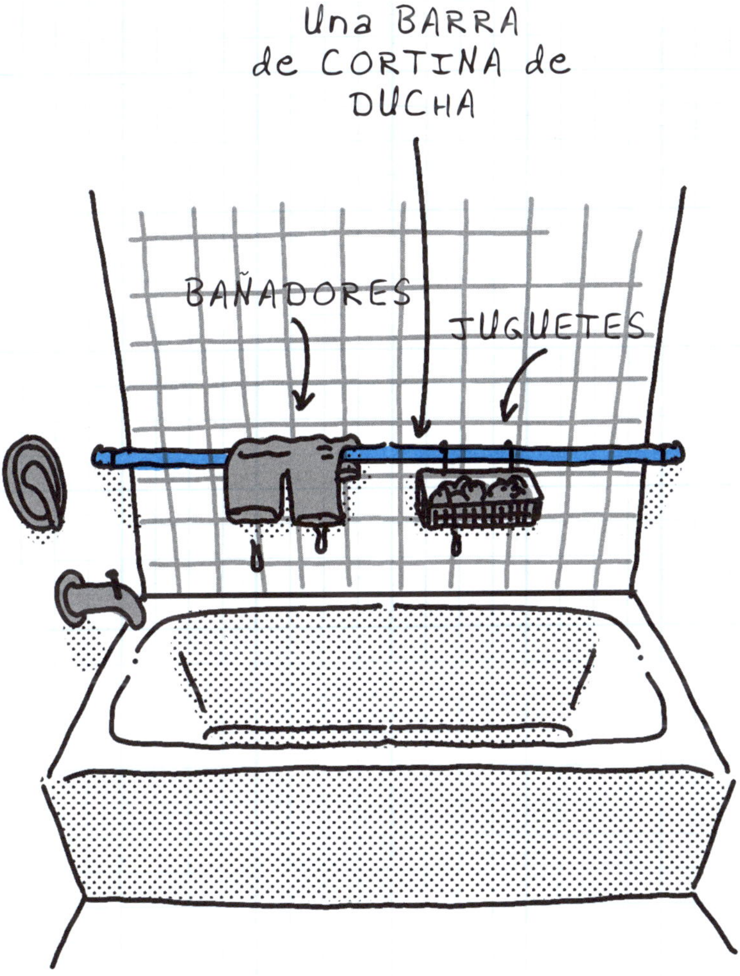
Una BARRA
de CORTINA de
DUCHA
BAÑADORES
JUGUETES

#17

Crea una biblioteca de juguetes para evitar que los ositos y los camiones se apoderen de la casa.

Tener una biblioteca de juguetes permite que los juguetes estén organizados, que haya más variedad a la hora de jugar y que a los niños mayores les resulte más fácil recoger después de jugar.

Separa los juguetes por categorías (construcciones, coches, muñecas, etcétera) y asigna un contenedor a cada categoría. (Utiliza contenedores de plástico transparente para que sea más fácil ver lo que hay dentro.)

A la hora de jugar, «saca» los juguetes de la biblioteca y ponlos en una cesta más pequeña para llevártela al salón (o donde sea que juguéis). Cuando toque jugar con algo nuevo, «devuelve» a su lugar el juguete de antes.

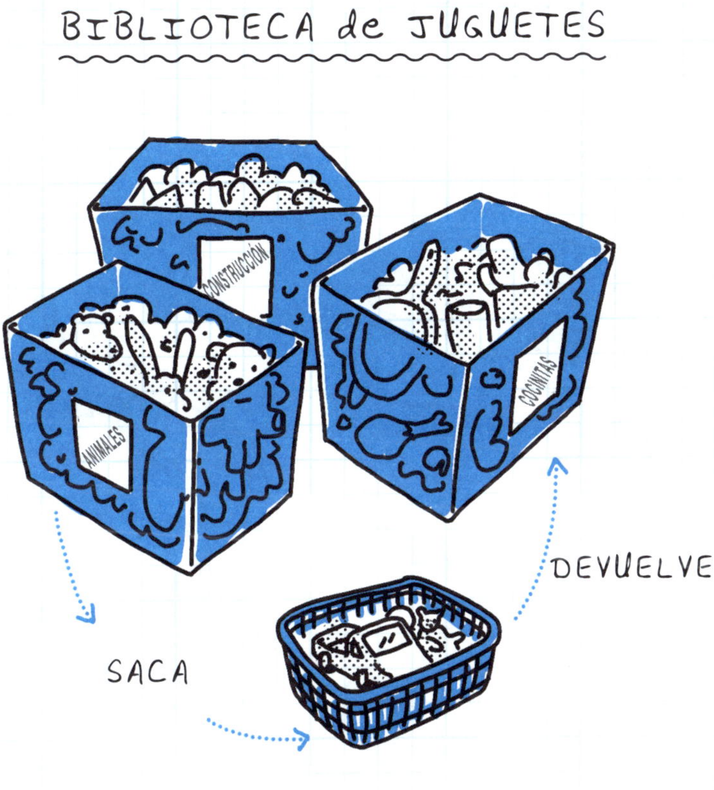
BIBLIOTECA de JUGUETES
CONSTRUCCIÓN
ANIMALES
COCINITAS
DEVUELVE
SACA

SI la CINTA ADHESIVA y los POST-ITS TUVIERAN un HIJO, SERÍA la

CINTA DE CARROCERO

ES VISIBLE, FÁCIL de CORTAR y TIENE BUENA FIJACIÓN (sin DEJAR RASTROS al SACARLA).

ENTRETENER a NIÑOS PEQUEÑOS en un AVIÓN (MÁS DIVERTIDO de lo que CREES)

MARCAR la «ZONA CALIENTE» ALREDEDOR de los FOGONES o la BARBACOA

ONER una HABITACIÓN DE HOTEL a PRUEBA de BEBÉS

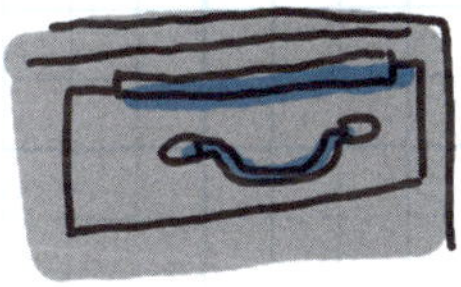

ARREGLAR la CINTA ADHESIVA ROTA de un PAÑAL

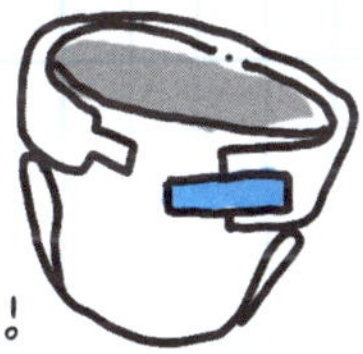

¡JUEGOS en el SUELO de CASA!

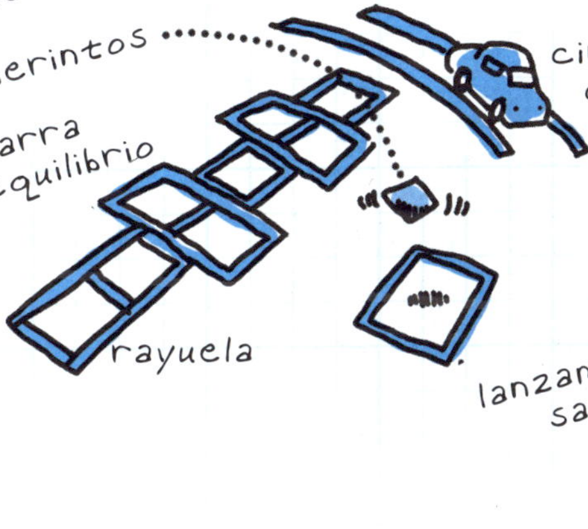

#18

Organiza el material para pintar con un escurreplatos.

Coloca los libros para colorear en las ranuras de un escurreplatos de plástico, y los colores y rotuladores, en el agujero para los cubiertos. Así lo tendrás agrupado, ordenado y será más fácil de transportar.

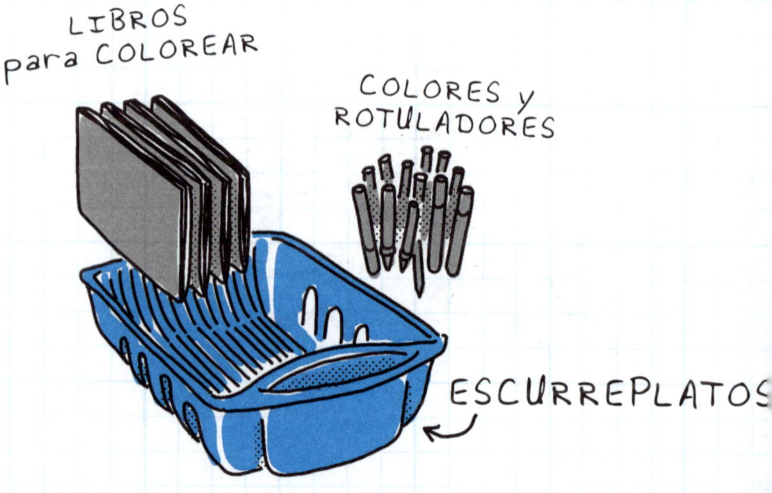

19

Agrupa libros en una caja de zapatos o en un archivador de pared.

Agrupa los libros infantiles en cajas de zapatos o cuelga un archivador de pared de plástico para crear un almacén de «bolsillo» para unos cuantos libros.

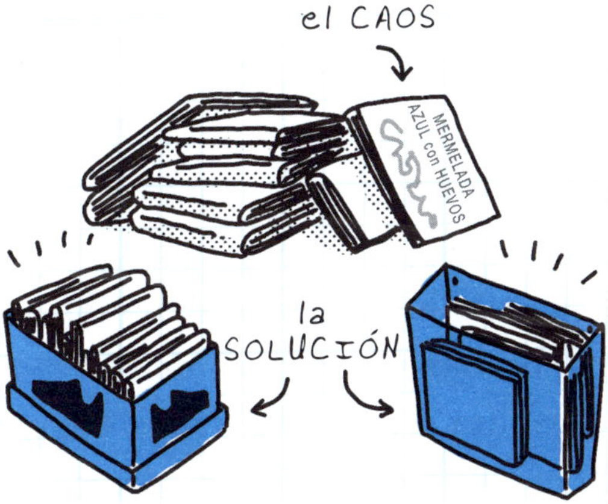

#20

Ponte un recordatorio para hacer aquellas actividades divertidas que te hayas saltado.

Pocas veces tenemos suficiente tiempo para hacer todas las cosas divertidas que surgen a nuestro alrededor. En vez de sentirte mal por todo lo que te estás perdiendo, ponte una nota en el calendario para intentarlo más adelante.

Imagina que encuentras un nuevo parque en el barrio: quieres pararte y echarle un vistazo, pero tu hijo tiene una pataleta. Ponte una nota en el calendario para la semana siguiente, para que te acuerdes de planificar una visita al parque. Si la actividad es estacional (para unas fiestas en concreto, por ejemplo), ponte una nota para tenerlo en cuenta al año siguiente.

Este truco también funciona con las recetas que quieres probar y con los eventos a los que quieres ir, con un recordatorio para comprar con antelación los ingredientes necesarios o las entradas.

RECUÉRDAME que VAYA al PARQUE el SÁBADO que VIENE...

7 tareas domésticas que tu niño ya puede hacer a los 2 años

Así es, acabo de utilizar los conceptos «tareas domésticas» y «niño» en la misma frase. ¡Los niños a partir de los 2 años ya pueden hacer tareas del hogar! Eso sí, no muy bien, pero eso no es lo que importa. Son la mejor manera de aprovechar la emoción natural del niño por hacerse mayor. Darle tareas reales muestra que todos en la familia pueden colaborar y que son hombrecitos y mujercitas muy capaces.

Deja que tu hijo haga estas tareas:

1. **Pasar** un trapo húmedo por las superficies.
2. **Echar** la ropa sucia en el cesto de la ropa sucia.
3. **Guardar** juguetes o libros en una cesta.
4. **Colgar** una chaqueta o una mochila en un gancho bajo.
5. **Almacenar** todos los zapatos en una cesta o contenedor.
6. **Llevar** los platos sucios a la cocina.
7. **Regar** plantas de exterior con una regadera pequeña.

Capítulo 3
Caca, pipi y orinal

Lo que entra, sale. Y no para de salir.

El famoso trabajo de limpiaculitos, cuidapañales y vaciaorinales va para largo y tú tienes la exclusiva. Si aceptas este rol, puede que (casi) lo disfrutes. Además, podrás entretener a tus amigos con historias cacastróficas durante años.

Aquí van algunas maneras ingeniosas de gestionar mejor estas cosas a las que preferirías no enfrentarte.

21

Ponle más de una funda al colchón del cambiador.

Es inevitable que las fundas del cambiador se ensucien. Adelántate a los acontecimientos y pon varias capas. Cuando una funda se ensucie, sácala y tendrás una funda nueva y limpia debajo.

#22

Prueba este truco para apretar los pañales desechables demasiado grandes.

Nadie te dice que los bebés deben superar una talla de pañal antes de pasar a la siguiente. Para ajustar la cintura y cerrar el hueco en las piernas de un pañal demasiado grande, coloca las lengüetas hacia abajo en vez de en horizontal.

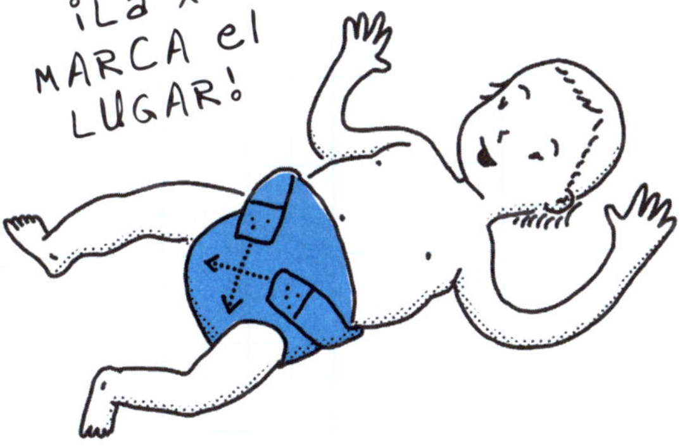

#23

Arregla las lengüetas rotas del pañal con tiritas adhesivas.

Los cierres de los pañales desechables son bastante fiables, pero si tienen un solo fallo, se te echa el día a perder. Una tirita adhesiva es lo suficientemente fuerte como para sacarte del apuro, por lo menos hasta que llegues a casa. Otra opción: cinta de carrocero (véanse también las páginas 56-57).

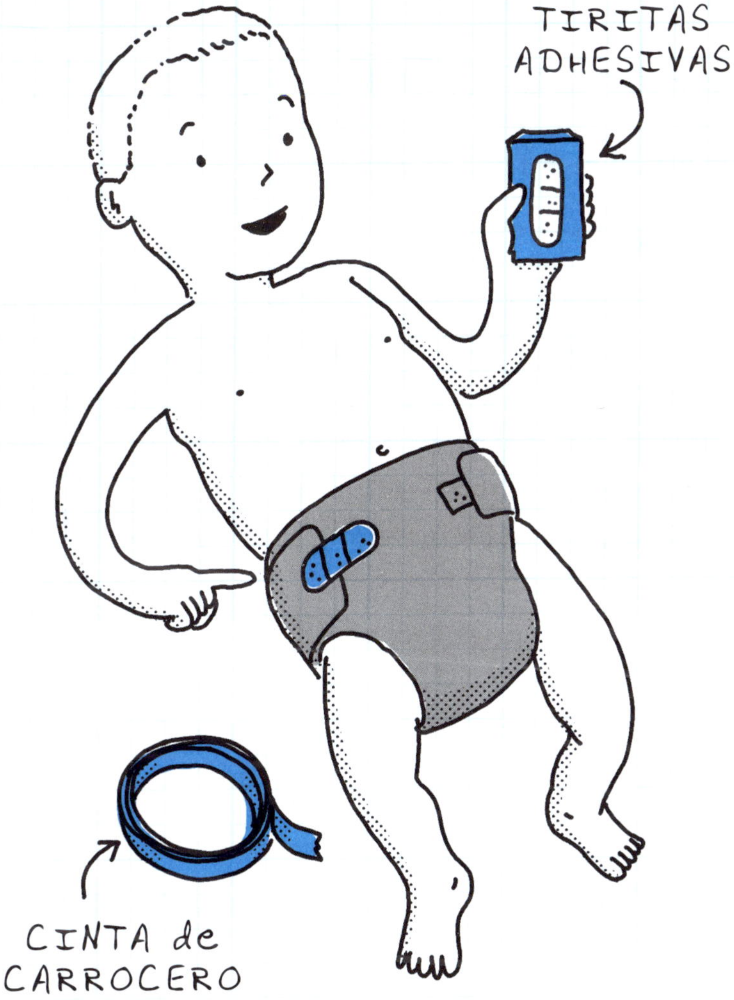
TIRITAS ADHESIVAS
CINTA de CARROCERO

#24

Utiliza una compresa maxi como extensión de un pañal desechable.

Habrá largas noches húmedas en las que un pañal desechable necesitará refuerzos. La verdad es que, un día u otro, tu hijo conseguirá que el pipí se escape fuera de un pañal tecnológicamente avanzado que absorbe la humedad.

En esas ocasiones recurre al mejor arsenal: la protección femenina. Una compresa maxi extralarga proporciona el refuerzo que necesita un pañal para aguantar hasta la mañana.

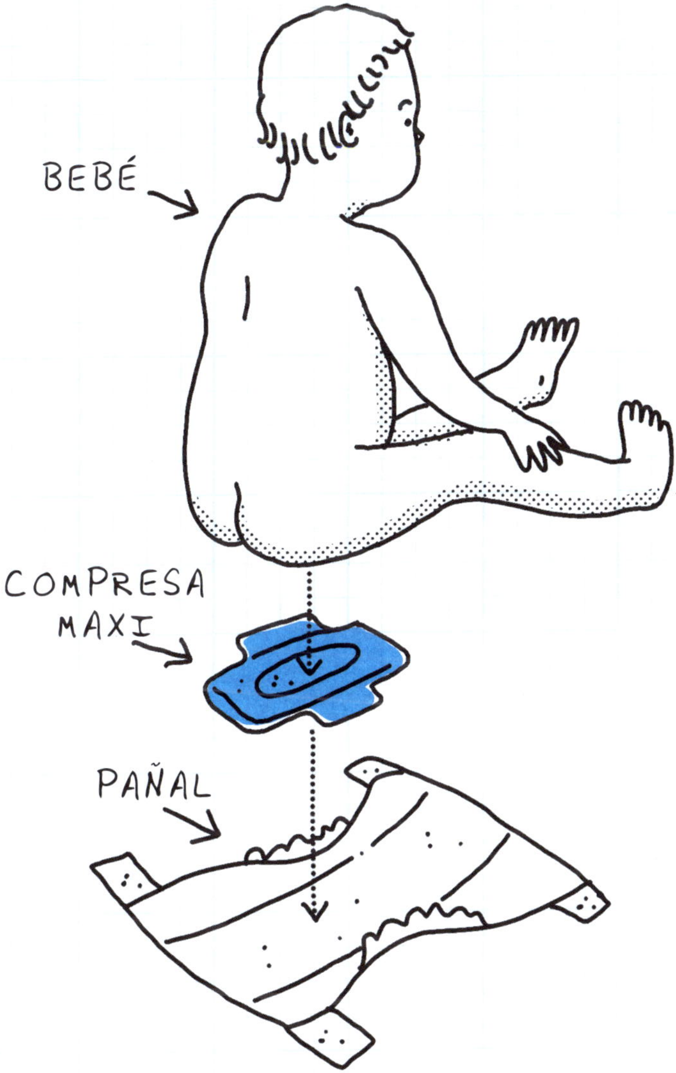
BEBÉ
COMPRESA MAXI
PAÑAL

#25

Tras un escape de caca, sácale el pelele de arriba abajo.

Un escape de caca es una fuga tan espectacularmente engorrosa que requiere una limpieza de pies a cabeza. Puede que ya lo sepas.

Si se produce uno mientras el bebé lleva un pelele, abre bien la parte del cuello, bájaselo por los hombros y luego sácalo por los pies; es mucho más agradable para todos los presentes.

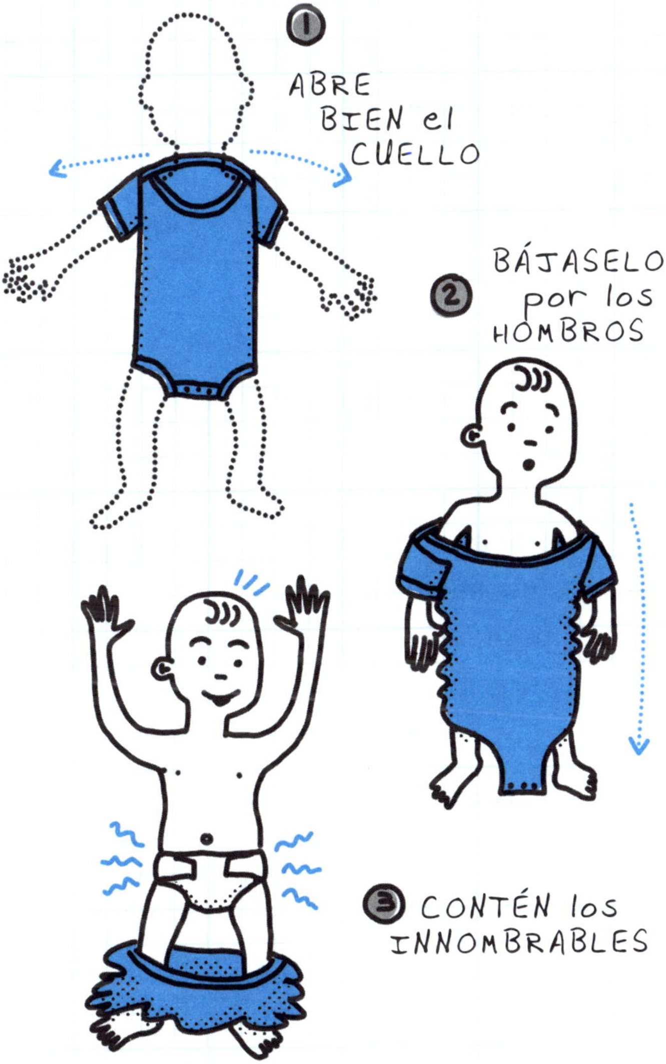
1
ABRE BIEN el CUELLO
2
BÁJASELO por los HOMBROS
3
CONTÉN los INNOMBRABLES

#26

Utiliza un quitapelusas para eliminar restos del fondo del bolso cambiador.

Durante los próximos dos años, vivirás pegada al bolso cambiador. Lo que empieza siendo una bolsa cuidadosamente organizada se transforma inevitablemente en un recipiente multifunción para comida que se desmigaja, botellas olvidadas, ropa sucia y juguetes inesperados.

Entre lavados, frota el interior del bolso con un quitapelusas para llevarte migajas, pelusas y otros restos.

SIGUE
FROTANDO

#27

Reutiliza una botella perineal como espray para pañales.

En vez de instalar un chorro de agua en el váter, utiliza una botella de riego perineal posparto (o cualquier botella de plástico con un tapón de chorro) para sacar el exceso de caca de los pañales de tela.

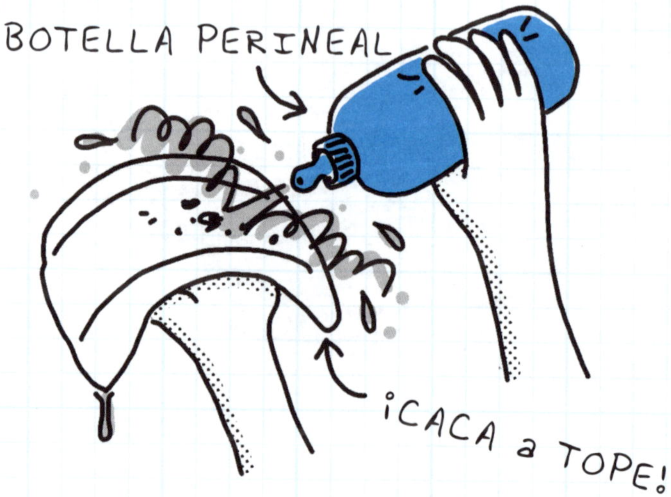

#28

Abróchale la parte inferior del pelele por encima del hombro cuando esté en el orinal.

Si tu niño, que aún está aprendiendo a utilizar el orinal, lleva una camiseta que se abrocha en la entrepierna, súbele la parte delantera y la trasera y abróchaselas por encima del hombro.

11 cosas útiles que guardar en el bolso cambiador

Como ya habrás descubierto, el bolso cambiador tiene que contener mucho más que pañales para ser realmente útil. Considéralo tu kit de supervivencia. Si tienes lo necesario dentro, puede sacarte de más de un apuro.

Además de lo básico, aquí tienes algunas cosas prácticas que quizá no hayas pensado en meter en el bolso cambiador.

1 Gancho para puerta de plástico. Cuélgalo detrás de las sillas y en los cambiadores de los restaurantes para evitar dejar la bolsa en un suelo sucio.

2 Dispensador y bolsas para excrementos de perros. Una manera práctica de contener las cacas malolientes. Engancha el dispensador al bolso cambiador.

3 Film transparente Press'n Seal. Pocas veces recomiendo marcas de productos, pero el film transparente Press'n Seal, de Glad, es único. Se pega a sí mismo y a otras superficies con una eficiencia increíble. Si te has quedado sin bolsas, utilízalo para sellar ropa y pañales sucios en una pelota a prueba de fugas. También puedes utilizarlo como salvamanteles de viaje, como babero o como una superficie limpia para poder colocar cosas encima (véanse también las páginas 144-145).

4 Cinta de carrocero. Utilízala para blindar cualquier cajón a prueba de bebés de manera rápida y segura, para fijar asientos en el váter o tapar enchufes (véanse también las páginas 56-57).

5 Pañal para nadar (cuando haga calor). Fuentes exteriores, aspersores, la piscina hinchable de unos amigos... Cuando surgen oportunidades inesperadas para jugar en el agua, agradecerás tener un pañal para nadar a mano.

6 Una camiseta de recambio para TI. Después de un espectacular escape de caca, puede que no solo tu bebé necesite cambiarse.

7 Diadema o goma de pelo. Para apartarte de la cara esa larga melena mientras cambias a tu hijo en el suelo.

8 Quitamanchas en barra. Muchas marcas de quitamanchas vienen en barra o en formato lápiz. Lleva uno en el bolso cambiador para quitar manchas al momento.

9 Una botella de agua y un tentempié para adultos. Seguramente tengas cubiertas todas las necesidades de tu hijo en cuanto a comida y bebida, pero tú también necesitas estar nutrida e hidratada.

10 Post-its. Desactiva temporalmente el sensor automático que tira de la cadena en los baños públicos tapándolo con un post-it (véase también la página 92).

11 Efectivo. Lleva una reserva de efectivo en el bolso cambiador. Te sacará de más de un apuro. Piénsalo: compras de tentempiés, parquímetros, paradas de comida por la calle y demás.

#29

Saca la caca de los pañales con una espátula.

La mayoría de las instrucciones de pañales te indican directamente que «tires los sólidos al váter» antes de echar los pañales sucios a la lavadora o a la basura. Pero la caca de bebé no sale tan fácilmente del pañal; a menudo necesita más... persuasión.

Utiliza una espátula de plástico barata para raspar los pañales. Etiqueta claramente la espátula con el nombre «CACA» (para que no acabe girando las hamburguesas de nadie) y cuélgala al lado del váter con un gancho adhesivo que se pueda quitar en un futuro. Cuando termines de raspar, enjuaga la espátula con agua limpia (límpiala con una toallita biodegradable si es necesario) y tira de la cadena.

LOS IMPRESCINDIBLES para el LAVABO

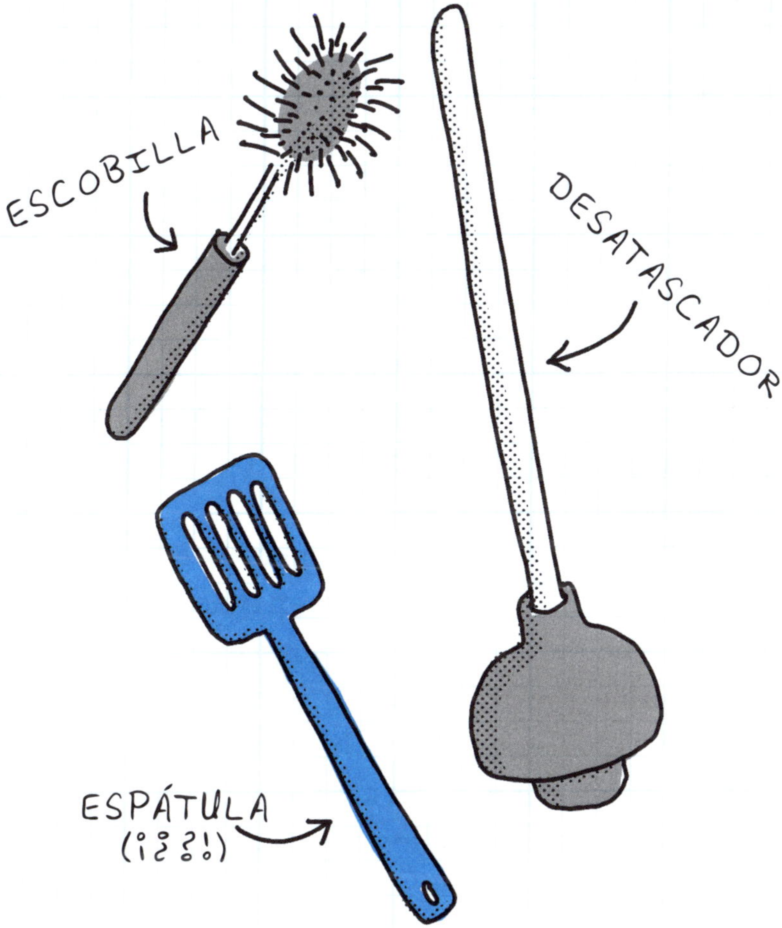

#30

Las toallitas de entrenamiento para mascotas protegen la silla de coche de los escapes de caca.

Los escapes de caca nunca son agradables, pero cuando ocurren mientras tu bebé está atado en una silla de coche, llegas a un nuevo nivel de asquerosidad...

Mantén el caos bajo control cubriendo la silla de coche con una toallita de entrenamiento para mascotas (un empapador fino, desechable e impermeable que utiliza la gente con perros para entrenarlos) antes de atar al bebé. Las toallitas para mascotas son más baratas que los cambiadores desechables y sirven igual.

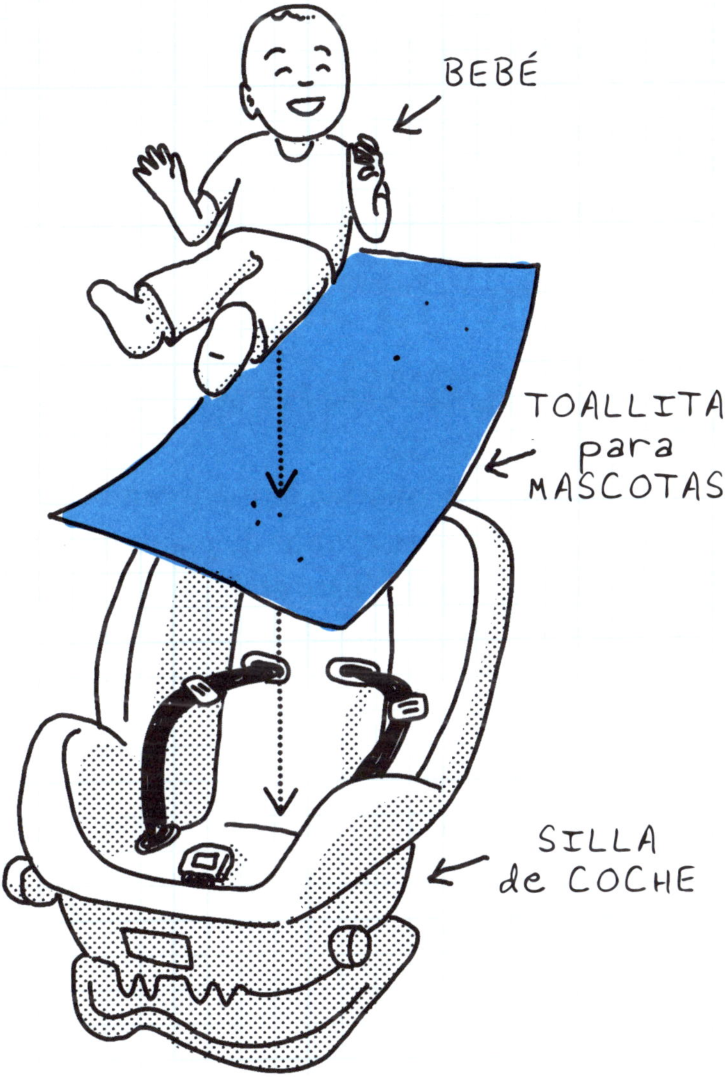
BEBÉ
TOALLITA para MASCOTAS
SILLA de COCHE

#31

Utiliza una goma elástica para acordarte de reponer una muda limpia en el bolso cambiador.

La ley de Murphy relativa al bolso cambiador dice que el día que te olvidas de poner una muda de la ropa del bebé es justo el día en el que tu bebé arroja una horrible cantidad de... lo que sea.

La próxima vez que prepares la bolsa, enrolla una muda, fíjala con una goma elástica y guárdala en la bolsa.

Cuando utilices la muda de recambio, ponte la goma en la muñeca para acordarte de reponer la muda al llegar a casa.

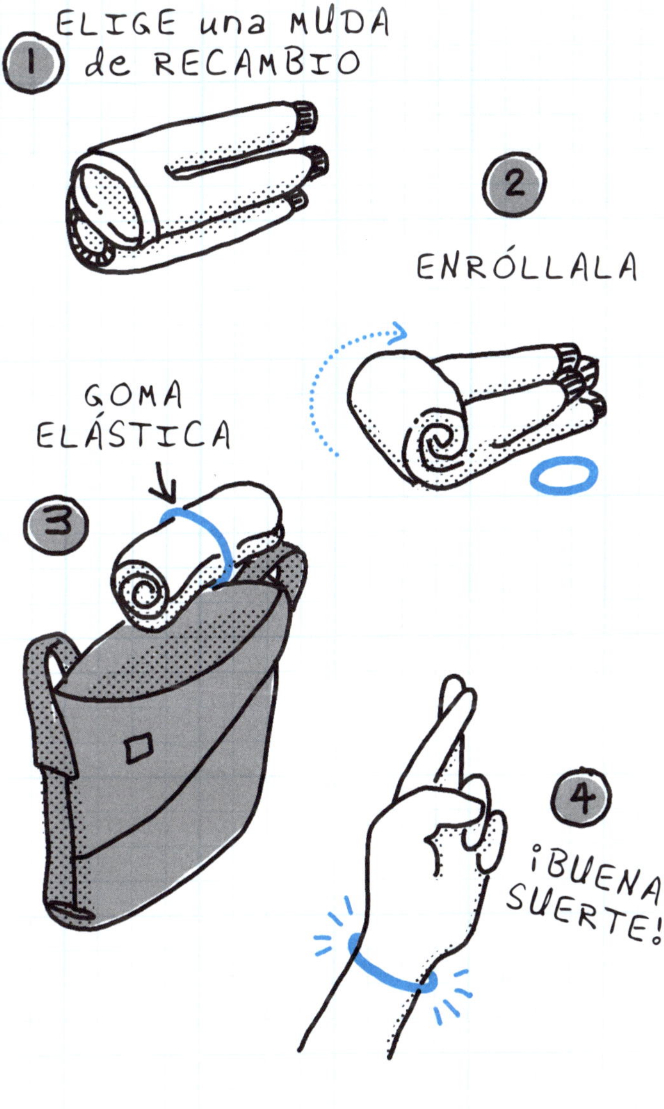
1 ELIGE una MUDA de RECAMBIO
2 ENRÓLLALA
GOMA ELÁSTICA
3
4 ¡BUENA SUERTE!

#32

Un *salvaslip* convierte la ropa interior normal en braguitas y calzoncillos de entrenamiento.

La ropa interior desechable para niños puede alargar ese periodo en el que intentas que tu hijo empiece a utilizar el baño, porque se parece mucho a los pañales. La ropa interior de entrenamiento hecha de algodón es más efectiva, pero también más cara si tienes en cuenta la cantidad que necesitas tener a mano.

Puedes saltarte lo de la ropa interior de entrenamiento pegando un *salvaslip* en los calzoncillos o braguitas normales. Aunque no sea a prueba de fugas (tampoco lo es la ropa interior de entrenamiento), el *salvaslip* protege la ropa y los muebles de pequeños accidentes, y tu hijo nota de inmediato que está mojado, así que aprende más rápido.

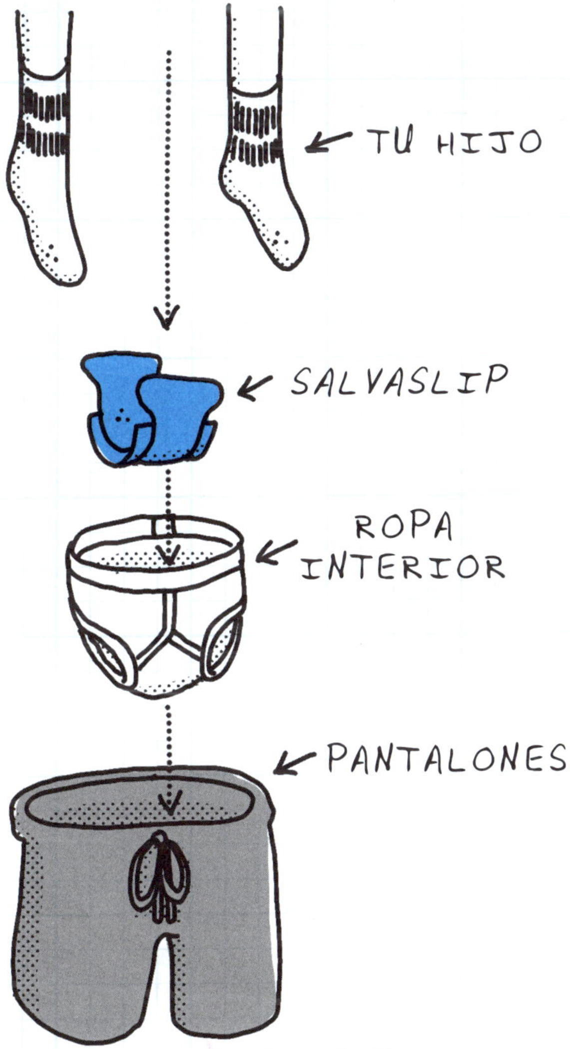
TU HIJO
SALVASLIP
ROPA
INTERIOR
PANTALONES

LLENA la DESPENSA de

BOLSAS HERMÉTICAS

GRANDES Y PEQUEÑAS.
TIENEN una DOCENA MÁS de FUNCIONES APARTE de GUARDAR HERMÉTICAMENTE COSAS FRESCAS.

EMBUDO para la COCINA

PROTEGE la TABLETA

MANGA PASTELERA

ORGANIZA MUDAS y ZAPATOS para VIAJES

PINTURA de DEDO sin ENSUCIAR
LIMPIA las PÁGINAS para COLOREAR
Rotulador de borrado en seco
BOLSA de PLAYA a PRUEBA de ARENA y AGUA
BOTAS de NIEVE IMPROVISADAS
PLACA de HIELO
para la nevera de viaje
o para una lesión
AMASAR sin ENSUCIAR
BOLSA para MAREOS en el COCHE
ORINAL de VIAJE
(haz lo que tengas que hacer)

#33

Forra el orinal de entrenamiento con papel higiénico para facilitar la limpieza.

La mayoría de los orinales de entrenamiento llevan un bol extraíble para facilitar la tarea de tirar por el váter el contenido. Con el pipí es fácil; con la caca es más complicado (es decir, más pegajoso).

Forra el bol con papel higiénico para que sea facilísimo limpiarlo. Cuando tu hijo haya terminado, vuélcalo todo en el váter, limpia en un momento el bol con una toallita biodegradable y tira de la cadena.

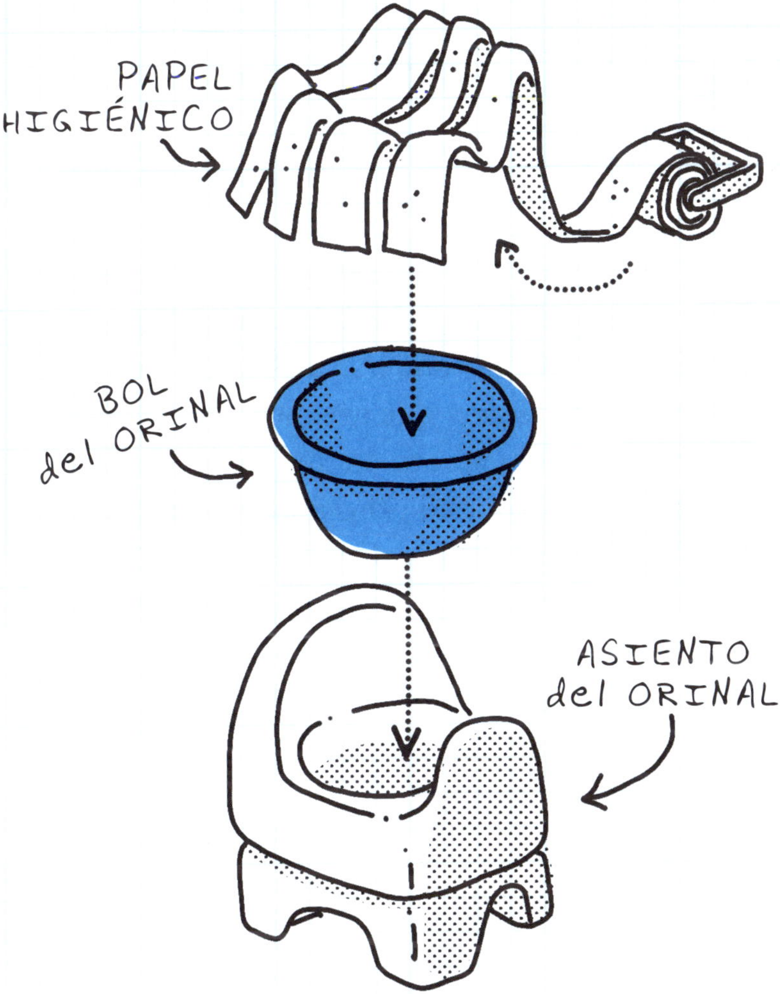
PAPEL
HIGIÉNICO
BOL
del ORINAL
ASIENTO
del ORINAL

#34

Aplasta el rollo de papel higiénico para que no gire tan rápido.

Enseñar a un niño a ir al váter implica mucho más que aprender a usar el inodoro. Los niños también tienen que aprender a utilizar el papel higiénico: cuánto tienen que arrancar, la técnica para arrugarlo y la manera de limpiarse el culito.

Los niños de entre uno y dos años no tienen la destreza manual necesaria para controlar las vueltas que da el rollo de papel higiénico, así que mucha cantidad termina amontonada en el suelo.

Antes de colocar el rollo de papel higiénico en el portarrollos, aplástalo. El giro irregular reducirá la velocidad de giro.

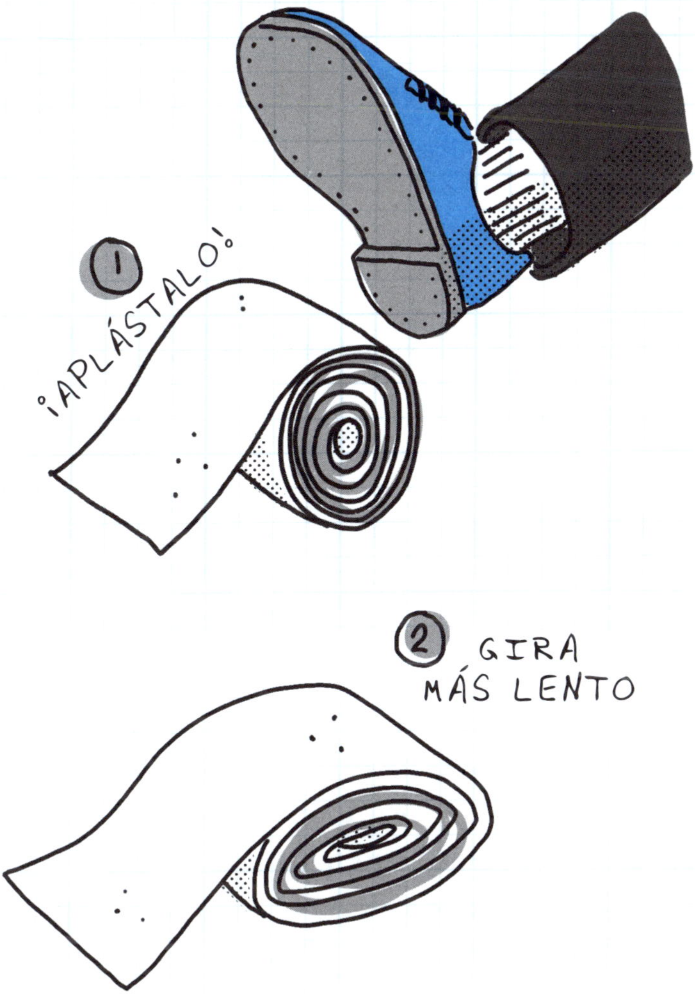
1
¡APLÁSTALO!
2
GIRA
MÁS LENTO

#35

Engaña al sensor automático que tira de la cadena en los baños públicos tapándolo con papel higiénico.

Hay algo en los baños que tiran de la cadena automáticamente que intimida a los novatos del váter. ¿Quizá sea el remolino de la muerte, impredecible y ruidoso, que gira debajo de su culito al descubierto?

Cubre el sensor con papel higiénico (o con un post-it o cinta de carrocero) para que se mantenga en silencio mientras tu hijo hace sus cosas. Cuando haya acabado, se haya limpiado y esté saliendo del cubículo, saca el papel y deja que el sensor automático termine su tarea.

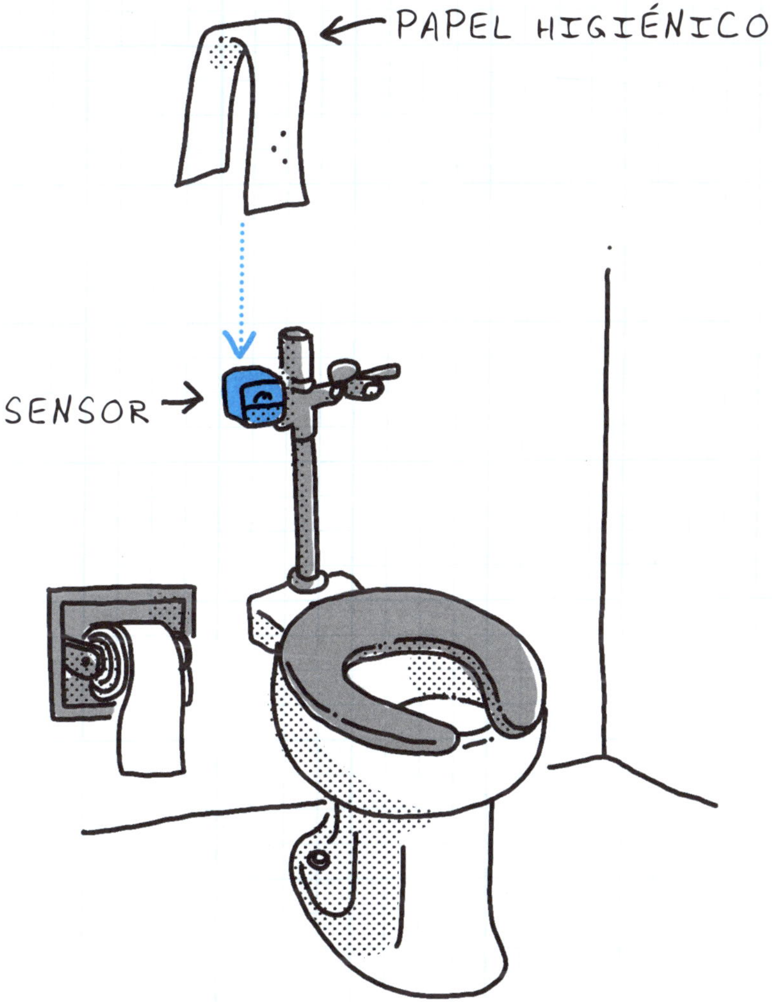
PAPEL HIGIÉNICO
SENSOR

#36

Utiliza cereales con forma de anillo para practicar puntería en el baño.

Cuando los niños pequeños ya pueden ir al baño de mayores, tienen que practicar para perfeccionar su puntería. Dale un blanco para que apunte: un cereal en forma de aro en el interior de la taza del váter.

Capítulo 4
Dormir

Los padres novatos ansían dormir igual que un perro ansía:

a. **beicon**
b. **queso**
c. **queso envuelto en beicon**
d. **todos los anteriores**

Pero esto ya lo sabes, ¿no? Tu capacidad para dormir está estrechamente vinculada a la de tu hijo, así que lo que sea que lo ayude a conciliar el sueño, te ayudará a ti también.

#37

Guarda una reserva de chupetes en las esquinas de la cuna.

Si tu bebé duerme con chupete, seguramente también se despertará cada vez que se le caiga de la boca (una situación que te hará clamar y levantar los puños en señal de frustración). Ahórrate búsquedas nocturnas guardando una reserva de chupetes en las esquinas de la cuna antes de ir a dormir. Si se le cae el chupete, simplemente busca otro, enchúfaselo y vuelve a la cama. Pronto, tu bebé aprenderá a darse la vuelta y agarrar su propio chupete, lo cual, para algunos padres, significa la primera noche de sueño ininterrumpido.

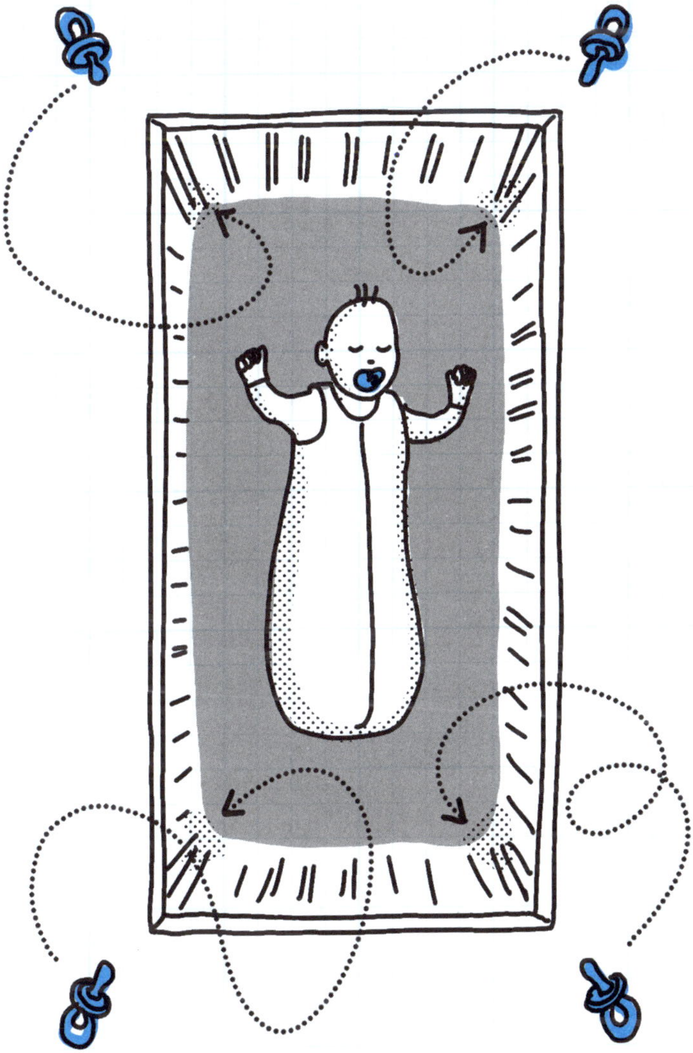

#38

Cubre el pasador del cerrojo de la puerta con una goma elástica.

Sales de puntillas de la habitación donde duerme el bebé, cierras la puerta con cuidado y entonces... ¡CLAC! El pestillo se cierra, los ojos del bebé se abren y tu tiempo de sueño se evapora.

Evita esta difícil situación anclando una goma elástica gruesa en el tirador y girándola para crear una X. Hunde el pestillo y haz que quede tapado detrás de la X de la goma elástica. Luego ánclala en el tirador del otro lado de la puerta.

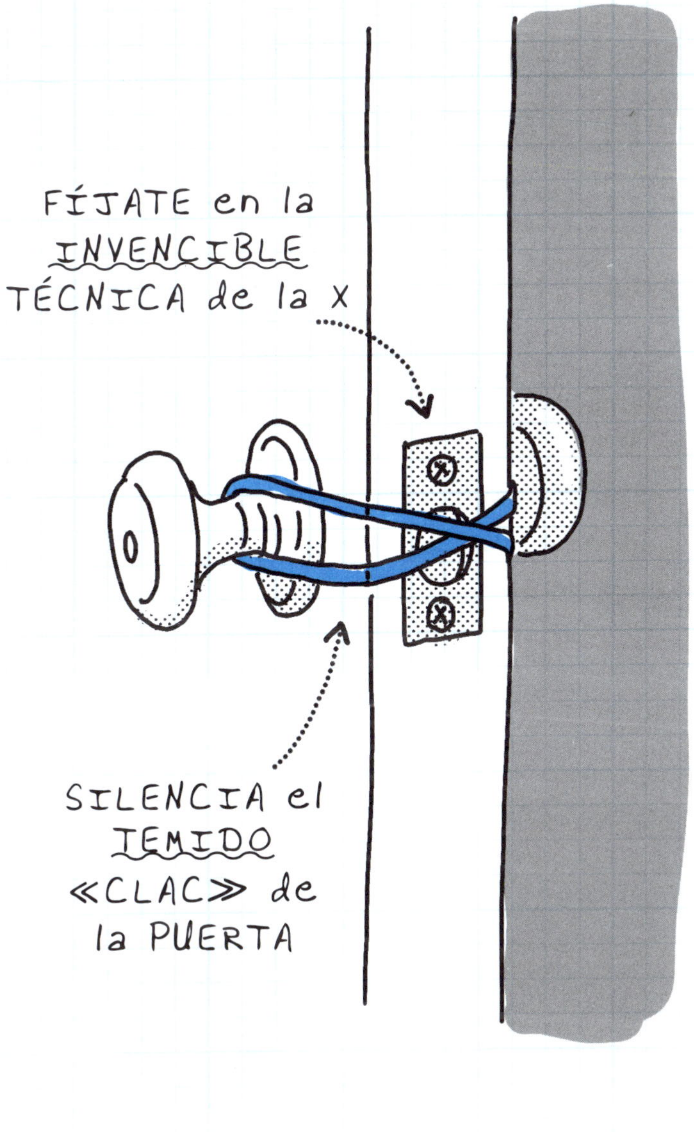
FÍJATE en la
INVENCIBLE
TÉCNICA de la X
SILENCIA el
TEMIDO
«CLAC» de
la PUERTA

#39

Las pelotas de ejercicio son balancines perfectos para bebés exigentes.

¿Tienes el material para hacer deporte cogiendo polvo? Pronto volverás a hacer ejercicio. Mientras tanto, sujeta a tu exigente bebé mientras botas con cuidado en una pelota de ejercicio o en una pequeña cama elástica.

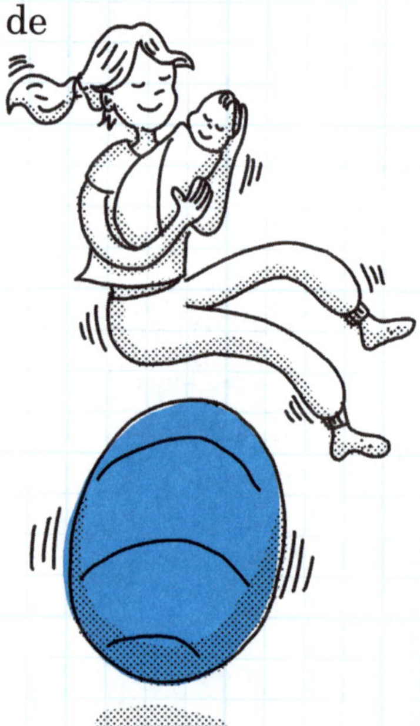

#40

Ponle calcetines encima del pelele para que los pies queden bien puestos.

Si tu bebé saca los pies de las piernas del pelele, ponle calcetines por encima del pijama. Como los calcetines son más ajustados, mantienen los pies en su sitio.

#41

Utiliza una funda de almohada como sábana para el moisés.

Si tu recién nacido pasará los primeros meses durmiendo en un moisés, renuncia a las sábanas pequeñas. Mejor mete el colchón en una funda de almohada y dobla la tela sobrante hacia abajo.

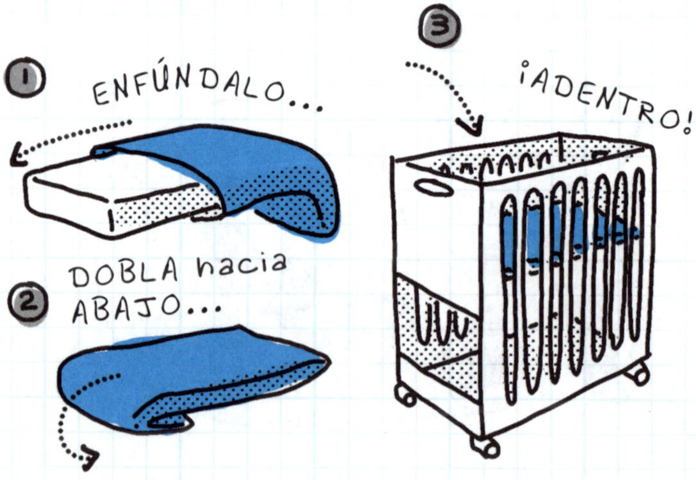

9 ideas para almacenar peluches

Parece que los peluches se multipliquen como conejos. Hay varios productos diseñados especialmente para resolver el problema de almacenar peluches, pero aquí tienes algunas brillantes opciones multiusos:

1 **Caja para debajo de la cama.** Una buena opción para los niños que cambian a menudo sus «compañeros de sueños».

2 **Zapatero colgante.** En los bolsillos caben colecciones de pequeños animalitos y muñecas (véanse también las páginas 46-47).

3 **Cubo de rejilla para la ropa sucia.** Tiene la ventaja de ser compacto y transportable.

4 **Zapatero circular.** Un zapatero independiente permite un almacenamiento variado y a la vista.

5 **Puf vacío.** Dentro caben muchísimos peluches.

6 **Organizador de armario colgante.** Guarda algunos juguetes detrás de las puertas del armario para esconder un poco el desorden.

7 **Apilador de pañales.** ¡Cuélgalo en el armario!

8 **Portatrajes.** Métele algunos juguetes que no pesen mucho, cierra la cremallera y piérdelos de vista.

9 **Funda de cojín de suelo grande.** Una funda de cojín llena de peluches resulta un lugar perfecto para relajarse, y a la vez es el doble de divertido.

#42

Compra dudús de repuesto y cámbialos cada dos semanas.

Un «dudú» es esa mantita tan preciada o ese peluche que ocupa un lugar especial en el corazón de tu hijo. No puedes controlar qué elemento acabará siendo su dudú, pero una vez que se convierta en su favorito, tendrá un poder especial. Una vez que hayas identificado el dudú, compra varios iguales. Cámbialo al cabo de unas semanas para que todos se gasten y se ablanden a velocidades similares.

Si tienes suerte, no se perderá nunca el dudú de tu hijo, pero si se pierde, ya tendrás dudús de repuesto en casa.

VARIOS DUDÚS
¡REPARTEN el AMOR!

#43

Las sábanas de la cuna son más rápidas de cambiar si las colocas a capas, combinadas con protectores de colchón.

El atractivo de este truco es más evidente después de un escape de caca a las 3 de la madrugada o de un episodio de gastroenteritis.

En vez de hacer la cama de la cuna con una única sábana bajera y un protector de colchón, coloca bajeras y protectores como si fuera una lasaña. Cuando ocurra un desastre, saca la capa superior de bajera y protector, y te encontrarás una bajera limpia y seca debajo.

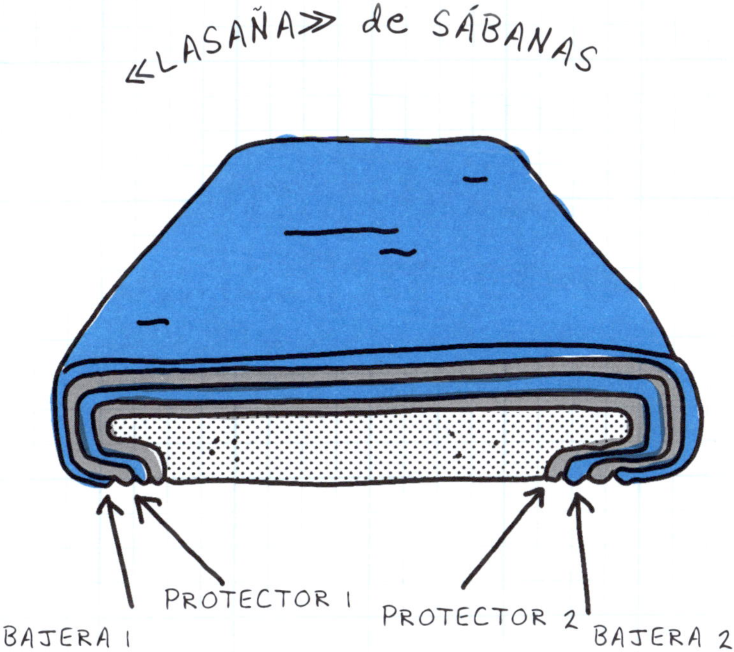

CUANDO OCURRA un DESASTRE,

RESPIRA HONDO
y SACA una de las CAPAS

#44

Ayuda a tu hijo a subir a la cama con una bandeja de horno a modo de «peldaño».

Pasar a dormir en una cama para niños mayores es un hito para padres e hijos por igual. Pero aunque tu hijo esté preparado para dormir en una cama, puede que no sea lo suficientemente alto para subirse solo. Construye un peldaño insertando una bandeja para horno entre el colchón y el somier, dejando unos 10 centímetros a la vista. Tu hijo podrá subir y bajar de la cama solito.

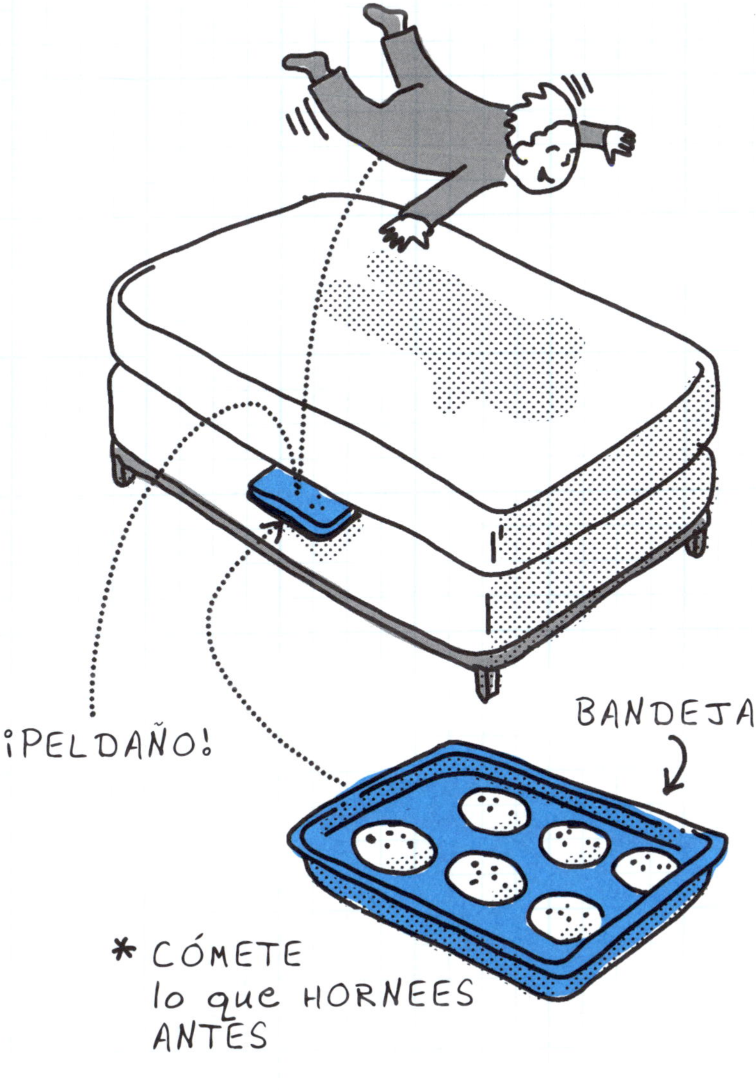
¡PELDAÑO!
BANDEJA
* CÓMETE
lo que HORNEES
ANTES

#45

Utiliza un churro de piscina para que tu hijo no se caiga de la cama.

Si tu hijo se mueve mucho mientras duerme, esas primeras noches en una cama de mayores son para comerse las uñas. ¿Se caerá de la cama?

Inserta un churro de piscina (o una toalla bien enrollada) en el borde de la cama, entre el colchón y la sábana bajera. El bulto que se forme será suficiente para crear una barrera que evitará que tu hijo salga de la cama durante la noche. (Hay más trucos con churros de piscina en las páginas 184-185.)

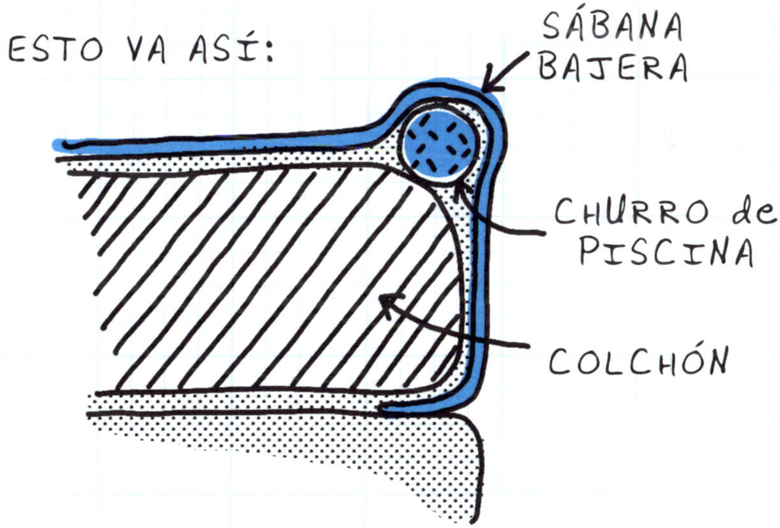
ESTO VA ASÍ:
SÁBANA BAJERA
CHURRO de PISCINA
COLCHÓN

¡DULCES SUEÑOS!

#46

Haz unas cortinas a medida para oscurecer la habitación usando un hule o fieltro negro.

Si tu hijo salta de la cama tan pronto como un rayo de sol se cuela entre las persianas, crea tus propias cortinas para oscurecer la habitación. Corta fieltro negro o un hule de la medida de la ventana y utiliza cinta de carrocero para pegarlo directamente al cristal (saldrá de forma limpia cuando ya no lo necesites). El papel de plata también funciona, pero esta opción no queda muy bien en ventanas que dan a la calle. (Hay más trucos con hules en las páginas 214-215.)

CORTA un HULE

USA CINTA de CARROCERO para IMPEDIR que ENTRE la LUZ

7 juegos de rol a los que podéis jugar tumbados

Cuando necesites descansar, pero tu hijo no tenga ganas de echar una cabezadita, prueba alguno de estos juegos que permiten que los adultos se relajen.

1. **Centro de masajes.** Túmbate boca abajo y dile a tu hijo que finja ser un masajista.

2. **Peluquería.** Siéntate de piernas cruzadas en el suelo mientras tu hijo te peina.

3. **Tatuador.** Deja que tu hijo te dibuje en los brazos o la espalda (¡partes que te puedas cubrir fácilmente!) con un rotulador lavable.

4. **Acampada.** Apaga las luces, desenrolla un par de sacos de dormir, métete dentro y haz ver que tu hijo y tú estáis durmiendo en el bosque.

5. **Capullo de oruga.** Túmbate en el suelo y deja que tu hijo te envuelva con una manta. Después de un minuto, empieza a moverte y luego sal lentamente como si fueras una «mariposa».

6. **Médicos.** Túmbate en la camilla (o sea, en el sofá) mientras el «médico» te pone el termómetro y comprueba otras constantes vitales, y luego te examina los oídos y la boca.

7. **Espectáculo de láser.** Apaga las luces, túmbate en el suelo y utiliza un puntero láser para dibujar formas y crear efectos en el techo. (Esto funciona mejor por la noche.)

Capítulo 5
Bañarse y asearse

Cuando fui madre por primera vez, todo el mundo alababa ese «maravilloso olor a bebé». ¿Qué les emocionaba tanto del tema? Mi bebé solía oler a yogur caducado.

Llegó un momento en que descubrí cómo mantener a mi hijo (generalmente) limpio y (un poco) arreglado, pero requirió práctica.

Tu curva de aprendizaje a la hora de bañar al niño mejorará pronto. Tanto si se trata de limpiarlo con un paño húmedo como de una inmersión de cuerpo completo en agua y jabón, pronto bañarás a tu bebé sin pensártelo dos veces. Y tendrás un bebé que olerá de maravilla para demostrarlo.

#47

Convierte calcetines de algodón en manoplas para bañar bebés.

Los bebés son resbaladizos cuando están mojados. Consigue una mejor sujeción cortando agujeros para los pulgares en un par de calcetines de algodón. Póntelos, saca los pulgares por los agujeros y utilízalos como manoplas.

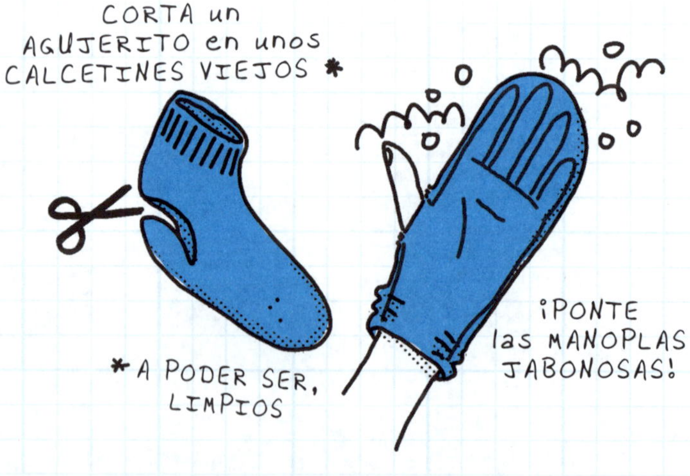

7 recipientes multiusos para guardar juguetes de baño

Cuando tu hijo ya pueda sentarse y aguantarse solo en la bañera, empezará la diversión. Los juguetes de baño son un entretenimiento fácil y fiable, pero es probable que pronto invadan el cuarto de baño. Evita la «ola expansiva» de juguetes utilizando recipientes que permitan que los juguetes se sequen y que sigan siendo útiles una vez que tu hijo empiece a ducharse.

1. Caja de plástico calada o colador
2. Cesta de baño con ventosas
3. Escurreplatos de plástico
4. Papelera de plástico calada
5. Cestito de la ropa de plástico
6. Frutero colgante de varios cestos
7. Bolsa de rejilla para la ropa (con un gancho de ventosa)

#48

Crea tu propio jabón para bebé, espumoso y fácil de aclarar.

Cuando se termine una botella de jabón espumoso para manos, enjuaga bien el recipiente y rellena la mitad con jabón para bebé y la otra mitad con agua. Cierra la botella y sacúdela con cuidado para que se mezcle. Doblarás la vida útil de una botella normal de jabón para bebé, y el jabón espumoso es más fácil (y más divertido) de aclarar.

RELLENA
con:
JABÓN
50%
JABÓN
para
BEBÉ
50%
AGUA
AGITA
con
CUIDADO
y TENDRÁS
¡INSTAESPUMA!

#49

Aclara el pelo del bebé con una regadera.

Las regaderas pequeñas de plástico se venden en la sección de juguetes como parte de los kits de jardinería para niños, pero también son útiles en la bañera. Utiliza una regadera para aclarar con cuidado el champú del pelo de tu bebé.

#50

Pelo liso con un paño húmedo.

Combate el pelo de «recién salido de la cama»: humedece un paño para bebé, escúrrele la mayor parte del agua y pásalo suavemente por el pelo de tu pequeño.

CUANDO a TU HIJO SE le QUEDE PEQUEÑA la

BAÑERITA DE BEBÉ,

ES BUENO SABER que AÚN le PUEDES SACAR MUCHO PROVECHO. ¡VIVA el RECICLAJE INTELIGENTE!

CUBO para LAVAR ROPA a MANO
CAJONCITO de ARENA
CUBO para HACER POMPAS de JABÓN en GRUPO
«MESA» de AGUA EXTERIOR

#51

Un paño seco evita que se meta champú en los ojos.

Incluso los champús etiquetados como «sin lágrimas» escuecen. Evita el problema por completo sujetándole un paño seco encima de los ojos cuando le aclares la espuma. Se han acabado las lágrimas, de verdad.

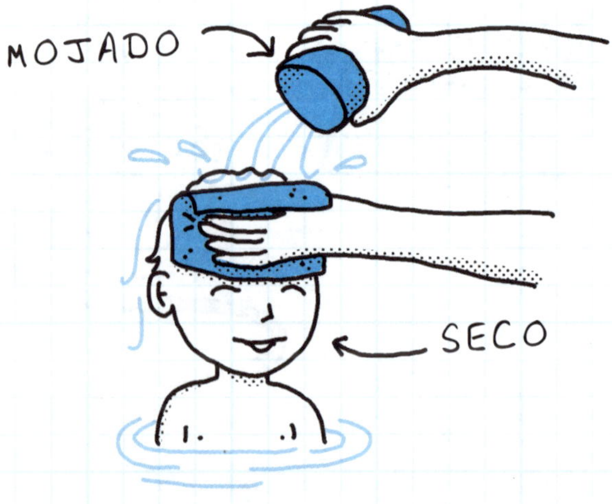

#52

Pon gomas elásticas gruesas alrededor de las botellas para que no resbalen.

Las resbaladizas botellas de jabón y champú son más fáciles de sujetar si les pones gomas elásticas gruesas alrededor; te será útil cuando bañes a tu bebé y cuando llegue el momento en el que tu hijo se bañe solo.

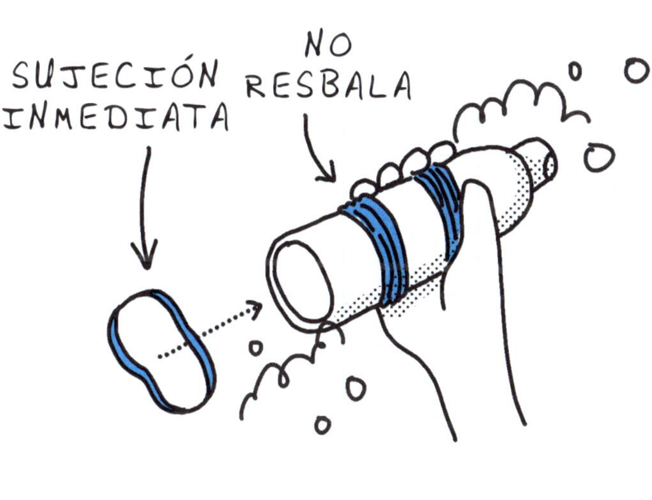

#53

Córtale las uñas al bebé mientras esté en la mochila portabebés.

Los bebés tienen los dedos pequeñitos. ¿Y las uñas? Minúsculas. ¡Y se tienen que cortar! ¡A menudo! ¡Con un cortaúñas metálico afilado! ¡Y estando pegadas a blandas manitas de bebé!

Pon el bebé en una mochila portabebés para cortarle las uñas. Estará calmado y relativamente inmóvil, y tú tendrás dos manos disponibles para cortar con precisión.

(Algunos padres les cortan las uñas mientras duermen, pero a mí nunca me funcionó. Mi hijo tenía el sueño ligero y no podía ni tocarlo una vez que se dormía.)

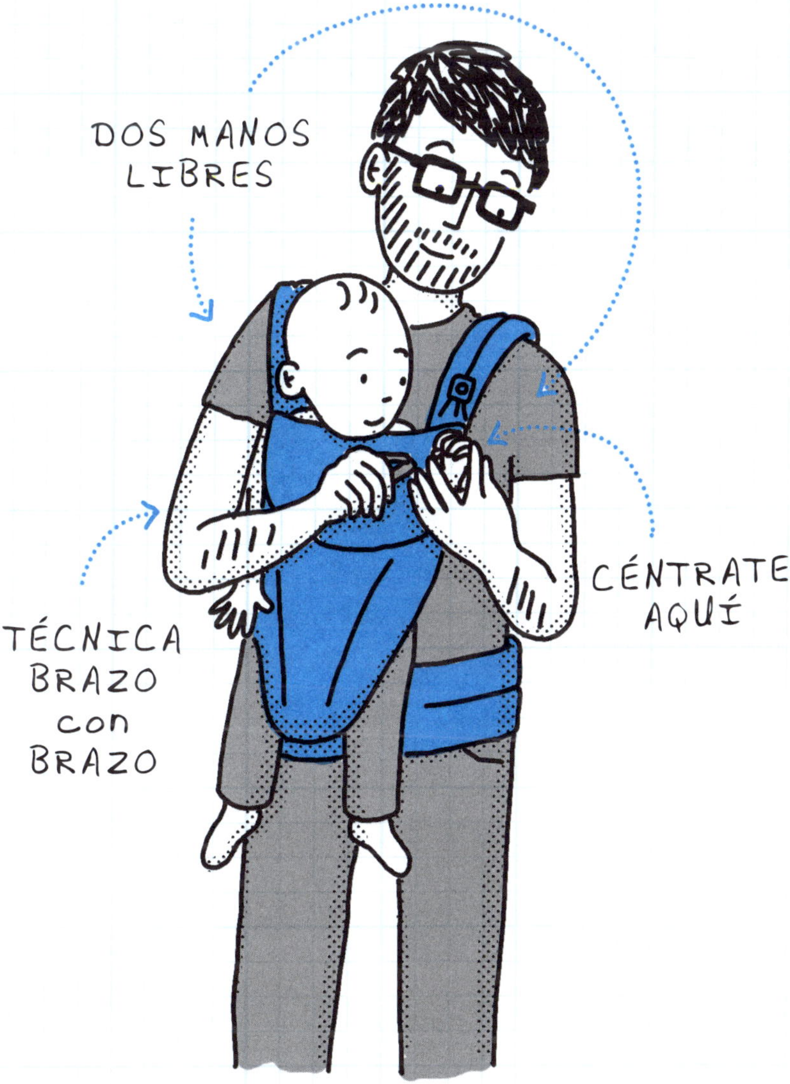
DOS MANOS
LIBRES
TÉCNICA
BRAZO
con
BRAZO
CÉNTRATE
AQUÍ

#54

Marca el grifo del agua caliente con una goma de pelo roja.

Cuando tu hijo gane experiencia en la bañera, querrá experimentar con esas manetas, pomos y grifos tan tentadores. Recuérdale que evite el grifo del agua caliente enrollándole una goma de pelo roja. «No toques el rojo» es más fácil de comunicar que «no toques la *C*».

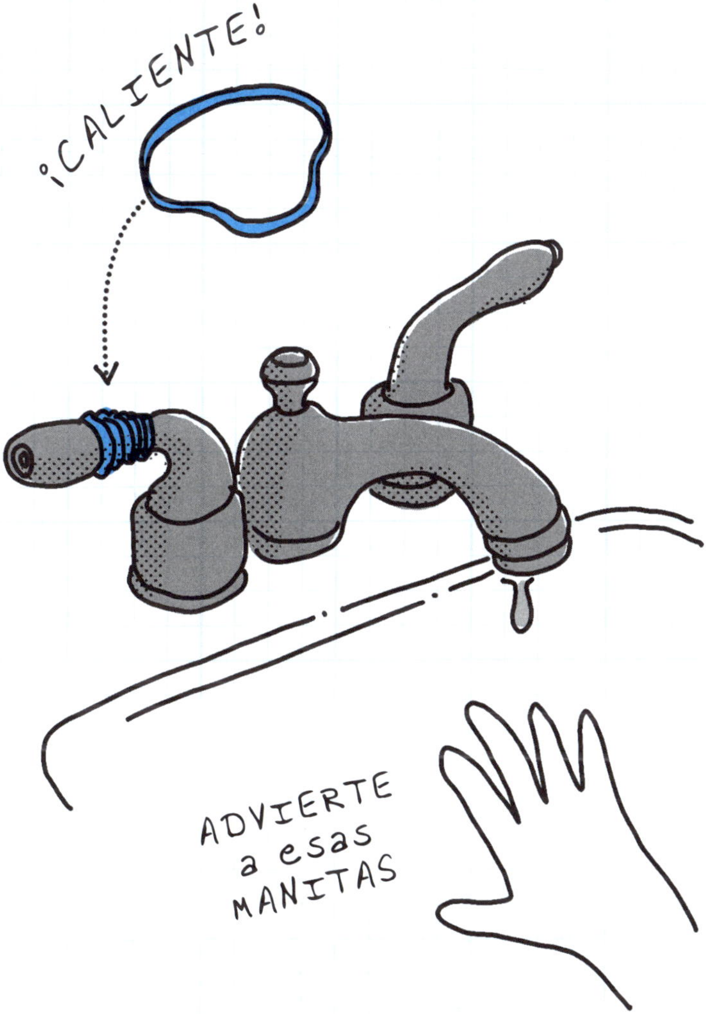
¡CALIENTE!
ADVIERTE a esas MANITAS

#55

Córtale el flequillo a tu hijo con tijeras para la nariz.

Las tijeras para la nariz son perfectas para cortar el flequillo de niños movidos porque son lo suficientemente afiladas para cortar con precisión, pero las hojas son pequeñas y tienen las puntas redondeadas.

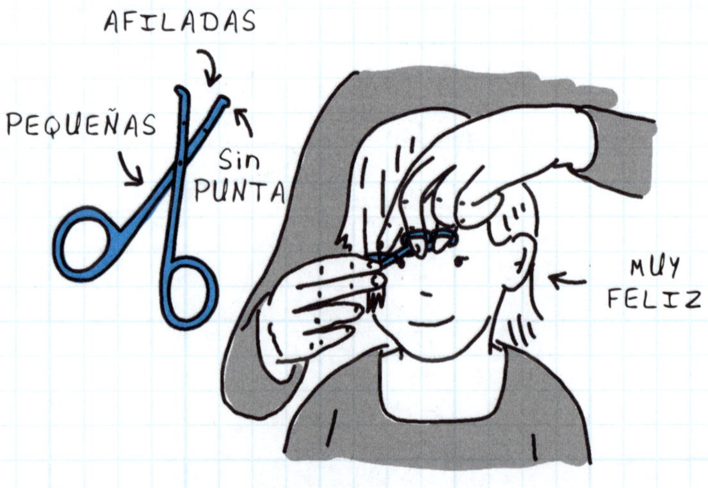

Capítulo 6
Vestirse

Nunca me imaginé que comprar, organizar, lavar, secar, doblar y donar la ropa de mis hijos me ocuparía tanto espacio mental. Con los imprevisibles cambios de tiempo y el crecimiento constante, mis estándares a la hora de vestir a mis hijos denigraron gradualmente de «mono y limpio» a «le cabe y está bastante limpio».

Vestir a tus hijos (y que sigan vestidos) es más fácil con solo un poco de organización y algunos buenos trucos.

#56

Asigna un cajón para «una talla más» en la habitación del bebé.

Separa en un cajón la ropa que sea de una talla más (un contenedor debajo de la cuna también sirve). Cuando tu bebé empiece a crecer (lo que a veces parece que ocurra de la noche a la mañana), tendrás a mano ropa que le quepa. Y no te olvidarás de los conjuntos que le regalaron hace tiempo y que has estado esperando a que le vayan bien.

AHORA
ANTES de
lo que
te ESPERAS

#57

Ponle pantalones sin broches al bebé.

¿Has intentado alguna vez poner unos pantalones o un pijama sin broches en la entrepierna en las blanditas y peleonas piernas de un bebé? Dado que tendrás que cambiar pañales miles de veces, es bueno saber este truco para vestir bebés.

En vez de pelearte para intentar subirle a toda velocidad los pantalones desde los tobillos hasta arriba, pon la mano dentro del extremo de una de las perneras del pantalón y súbetela por el antebrazo. Con el bebé tumbado, sujétale el pie y sácate el pantalón del brazo, como si pelaras un plátano, y cubre la pierna del bebé. Repítelo con la otra pierna.

BRAZO en la PERNERA
Desde DENTRO, AGÁRRALE una PIERNA
¡HAS TRIUNFADO! (AHORA REPÍTELO)

#58

Hazle calentadores al bebé con un jersey viejo.

Los calentadores le mantendrán las piernas calentitas sin el estrés de llevar los pantalones encima de los pañales. Para crear los calentadores, corta los brazos de algún jersey que se le haya quedado pequeño o los pies de unos calcetines.

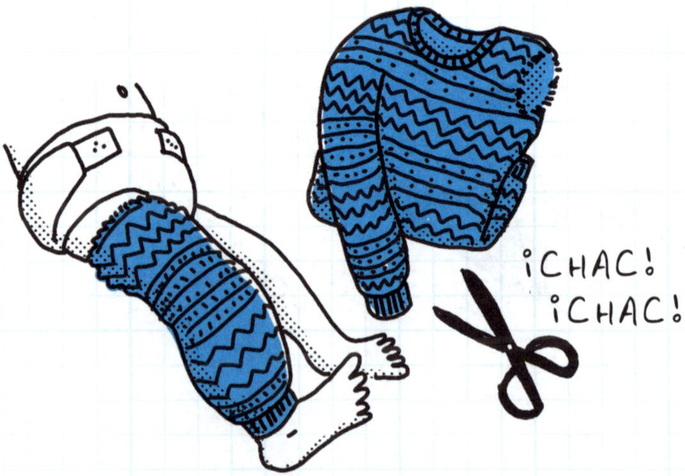

Pega los cuellos de camisa de la ropa de bebé.

Fija los cuellos y las solapas de los bolsillos con pegamento textil. Las prendas quedarán más pulcras al salir de la secadora. (Y ya me dirás tú, ¿para qué necesitan bolsillos los bebés?)

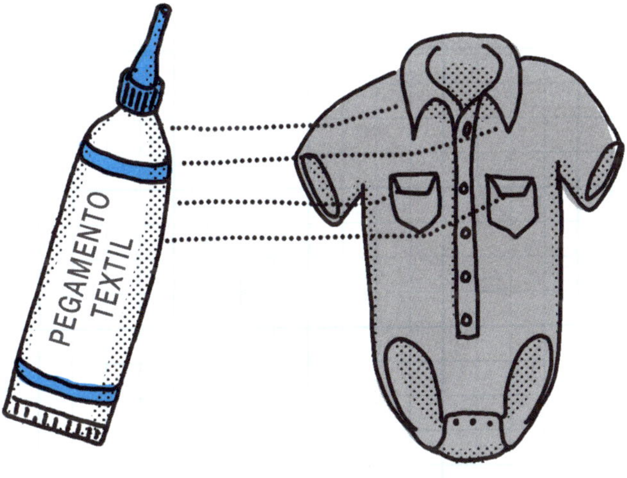

#60

Reutiliza las perchas con pinzas de las tiendas para colgar el gorro y los guantes.

No tires esas perchas tan feas que vienen con los conjuntos de dos piezas para bebés. Utilízalas para colgar gorros y guantes juntos.

61

Plancha la ropa pequeña con una plancha de pelo.

Póntelo fácil a la hora de planchar arrugas, dobladillos, lazos y puños utilizando una plancha de pelo (un pequeño electrodoméstico de belleza utilizado para alisar el pelo).

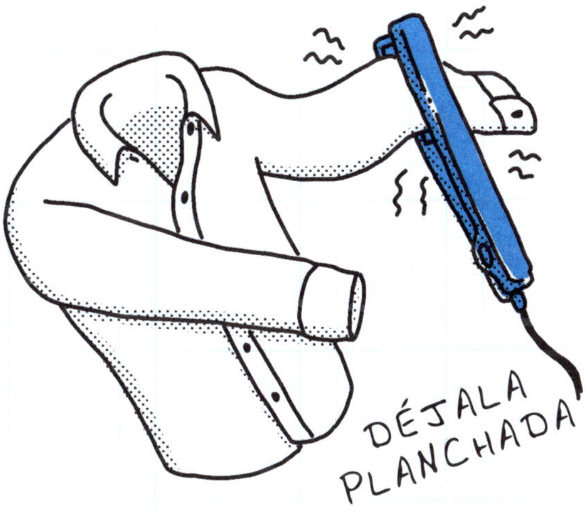

#62

Aprieta los pantalones que le vayan anchos con un trozo de goma.

Este truco para apretar los pantalones que le vayan anchos de cintura es brillante en su simplicidad: un trozo de goma elástica, un nudo y ya está. Mete un trozo de goma elástica por dos trabillas y átalo con un nudo. (Si hace falta, repítelo en el otro lado.) Si los pantalones no tienen trabillas, utiliza el clip doble de unas manoplas para apretar más la cintura.

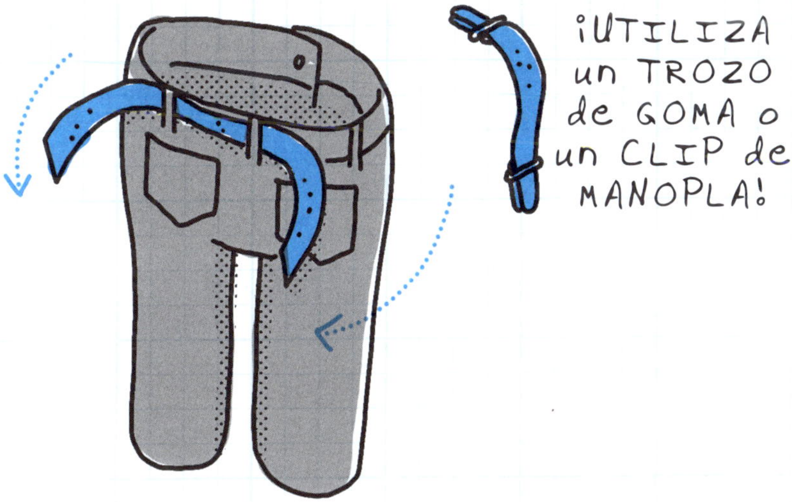
¡UTILIZA un TROZO de GOMA o un CLIP de MANOPLA!

¡PÁSALO por las TRABILLAS y ÁTALO!

#63

Guarda las mudas enrolladas con un coletero para facilitar que tu hijo pueda vestirse solo.

Enrolla cada muda de colores conjuntados (con los calcetines y todo) y fíjala con un coletero de tela. Los cajones estarán impecablemente ordenados, harás los cambios de ropa en un abrir y cerrar de ojos y los niños más mayores tendrán la iniciativa de vestirse solos.

¡HAN VUELTO
los COLETEROS!

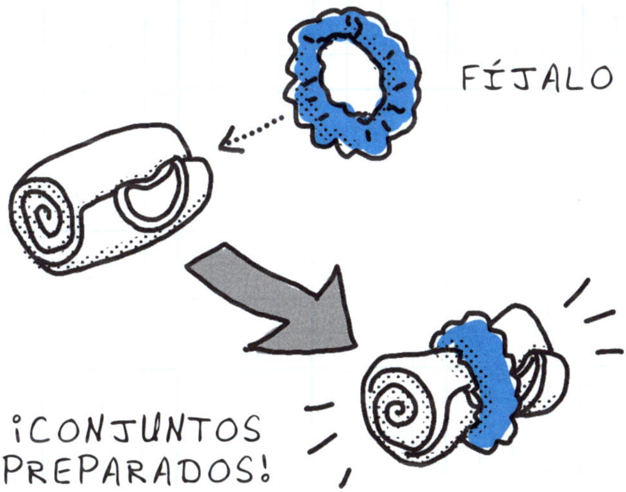
FÍJALO
¡CONJUNTOS
PREPARADOS!

CAPAZ de ADHERIRSE RÁPIDO a CUALQUIER SUPERFICIE, DESPEGARSE sin DEJAR HUELLA y FORMAR un CIERRE HERMÉTICO al APRETARSE contra SÍ MISMO, el FILM TRANSPARENTE

PRESS'N SEAL

de la MARCA GLAD SIRVE para MUCHO MÁS que la COMIDA. AQUÍ VAN ALGUNAS de SUS PROEZAS HEROICAS.

CUBRE una TAZA y HAZ un AGUJERO para una PAJITA

TAPETE IMPROVISADO o SUPERFICIE para MANUALIDADES

«IMPERMEABILIZACIÓN» TEMPORAL para la NIEVE

PÉGALO en la ROPA para CREAR un «BABERO ARTÍSTICO»

CUBRE los ESTANTES de la NEVERA para LIMPIARLOS MEJOR

ENVUELVE MEDICAMENTOS CUANDO VIAJAS
¡a prueba de niños!
PROTEGE la TAPICERÍA del COCHE
PONLO DEBAJO del ELEVADOR para MANTENER las SILLAS LIMPIAS
PROTEGE los LIBROS de COCINA de SALPICADURAS
CUBRE las BANDEJAS para PINTURA para LIMPIARLAS MEJOR
EMPAQUETA JOYAS sin que SE ENREDEN

#64

Haz un dobladillo temporal en los pantalones con esparadrapo.

Haz el dobladillo de pijamas y pantalones con esparadrapo; se mantiene fijo incluso después del lavado y es lo suficientemente flexible como para no irritar la piel sensible.

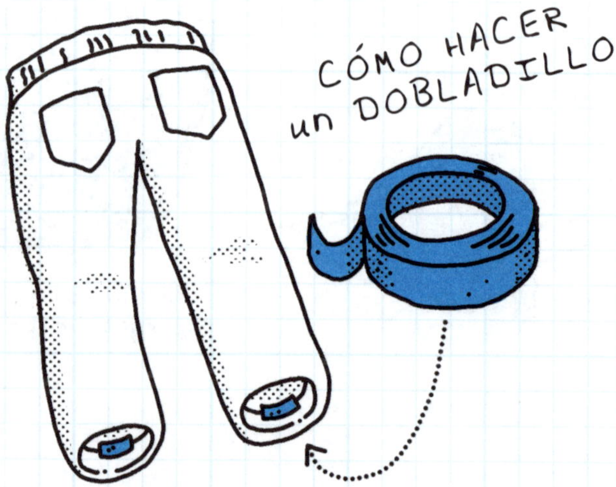

#65

Junta los tirantes de una camiseta con un pasador de pelo para que quede más ajustada.

Las camisetas y los vestiditos veraniegos son adorables, pero si los finos tirantes son demasiado largos, tienden a caerse y soltarse. Júntalos en la espalda con un pasador decorativo.

#66

Dibuja la silueta de los pies de tus hijos para que puedas comprarles zapatos sin ellos.

Cada pocos meses, planta a tu hijo encima de una hoja de papel (con la ayuda de un adulto, si es necesario) y dibuja el contorno de cada pie con un lápiz.

Así podrás llevarte la plantilla a la zapatería para determinar mejor la talla correcta.

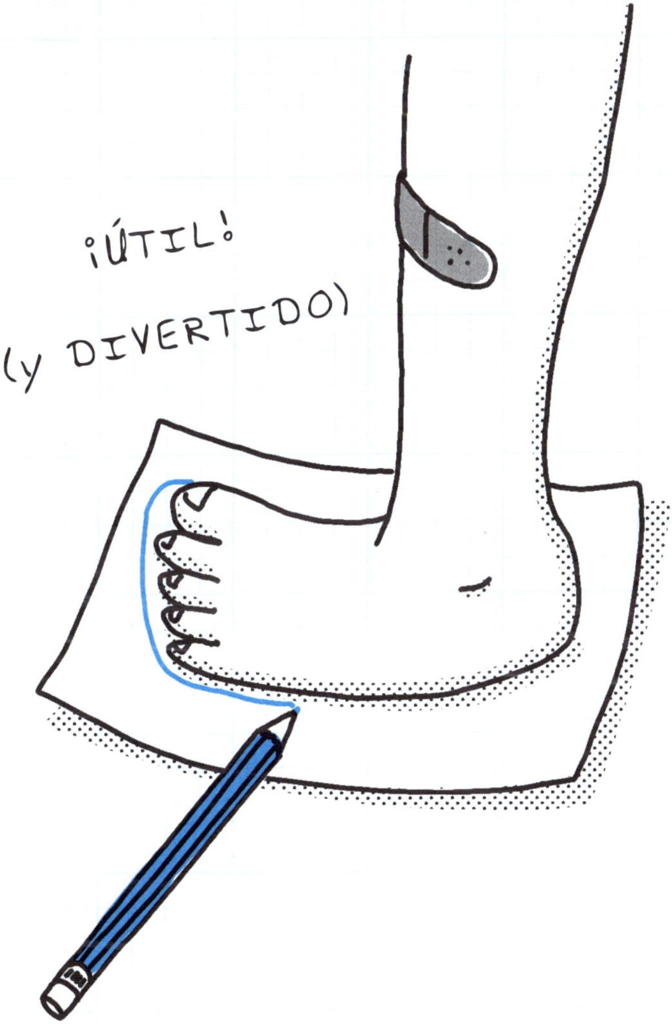
¡ÚTIL!
(y DIVERTIDO)

#67

Sustituye los cordones de los zapatos por gomas para convertirlos en zapatos fáciles de poner y quitar.

Esas deportivas de tamaño bebé son una monada, pero ¿y lo de atarles los cordones (y volverlos a atar... una y otra vez)? Eso no es tan mono.

Conviértelas en deportivas sin cordones cambiando los cordones por una goma elástica de poco más de medio centímetro de ancho. Pasa la goma por las arandelas del zapato y luego ata los dos extremos para fijarla. (Refuerza el nudo con un poco de pegamento fuerte si se desata.) Corta la goma sobrante y esconde los extremos detrás de los «cordones».

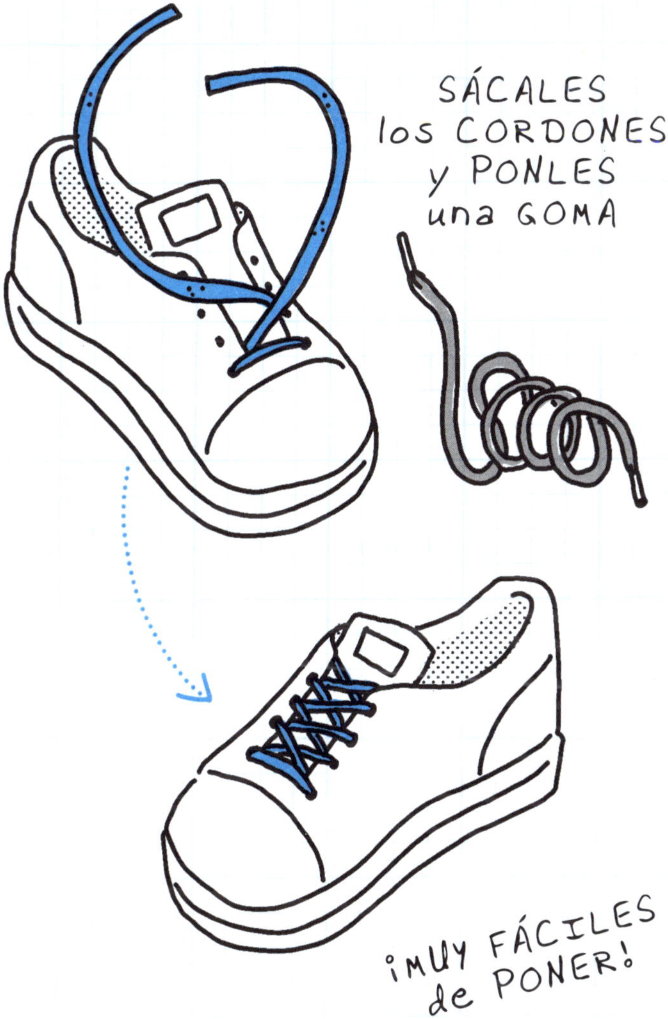
SÁCALES
los CORDONES
y PONLES
una GOMA
¡MUY FÁCILES
de PONER!

#68

Ayuda a tus hijos a que se pongan los zapatos en el pie correcto con una pegatina.

Busca una pegatina grande y colorida con un dibujo llamativo. Corta la pegatina por la mitad y pega una mitad dentro de cada zapato. Dibuja una «I» y una «D» en las mitades de la pegatina con un rotulador permanente.

Cuando tu hijo se tenga que poner los zapatos, dile que «encaje el dibujo». Esta técnica consigue que se ponga los zapatos en el pie correcto y le ayuda a aprender los conceptos de «izquierda» y «derecha».

¡CORTA!
¡DIVIDE!
¡PEGA!
I
D

6 maneras de reducir o evitar manchas en la ropa

Cuando tienes hijos, descubres un nuevo universo de manchas en la ropa. Aquí tienes algunos consejos que te ayudarán a ganar la batalla:

1 Reduce las manchas de comida cubriendo a tu hijo con una camiseta grande o una servilleta de tela.

2 Ten a mano un quitamanchas en barra allí donde tu hijo se desvista para que puedas atacar las manchas poco después de que aparezcan y antes de meter la ropa en la cesta de la ropa sucia.

3 Frota las manchas pequeñas con un cepillo para uñas o un cepillo de dientes viejo y una pasta a base de bicarbonato y agua.

4 Llena un cubo con agua fría y 120 ml de lejía para ropa de color. Mete las prendas manchadas en el cubo cuando aparezcan las manchas y luego lava todas las prendas juntas.

5 Utiliza el ciclo de remojo de la lavadora. Hay muchas manchas que simplemente necesitan un contacto más prolongado con el detergente.

6 Desviste a tu hijo de cintura para arriba a la hora de comer y termina las comidas limpiándolo bien.

Capítulo 7
Alimentación y hora de comer

Durante el embarazo, el cordón umbilical se hizo cargo de este tema, pero ahora tú decides qué, cuándo y cómo quieres alimentar a tu hijo.

Dar de comer a un minihumano puede ser algo impresionante y aterrador a la vez.

Entre la lactancia, el biberón, la transición a la comida sólida y gestionar toda la parafernalia que viene de la mano de todo esto, hay mucha presión para hacerlo «bien». Pero al igual que muchas otras cosas de la crianza, la forma de alimentar a tu hijo será una opción personal y hay muchas maneras de hacerlo bien.

#69

Convierte un sujetador deportivo en un sujetador de maternidad con sacaleches.

Para las madres lactantes, tener una reserva de leche a punto es como tener dinero en el banco. Pero el proceso de bombeo lleva tiempo y es un poquito raro (¿quién iba a pensar que los pezones podrían hacer eso?).

Convierte esta tediosa tarea en una pausa para cuidarte a ti misma. Cómprate un sujetador deportivo barato y cómodo, y córtale un agujerito en cada copa, lo suficientemente grande para que pueda pasar la copa de succión. Ponte el sujetador, conéctate, y tendrás las manos libres para escribir en el ordenador, hacer calceta o sujetar un libro.

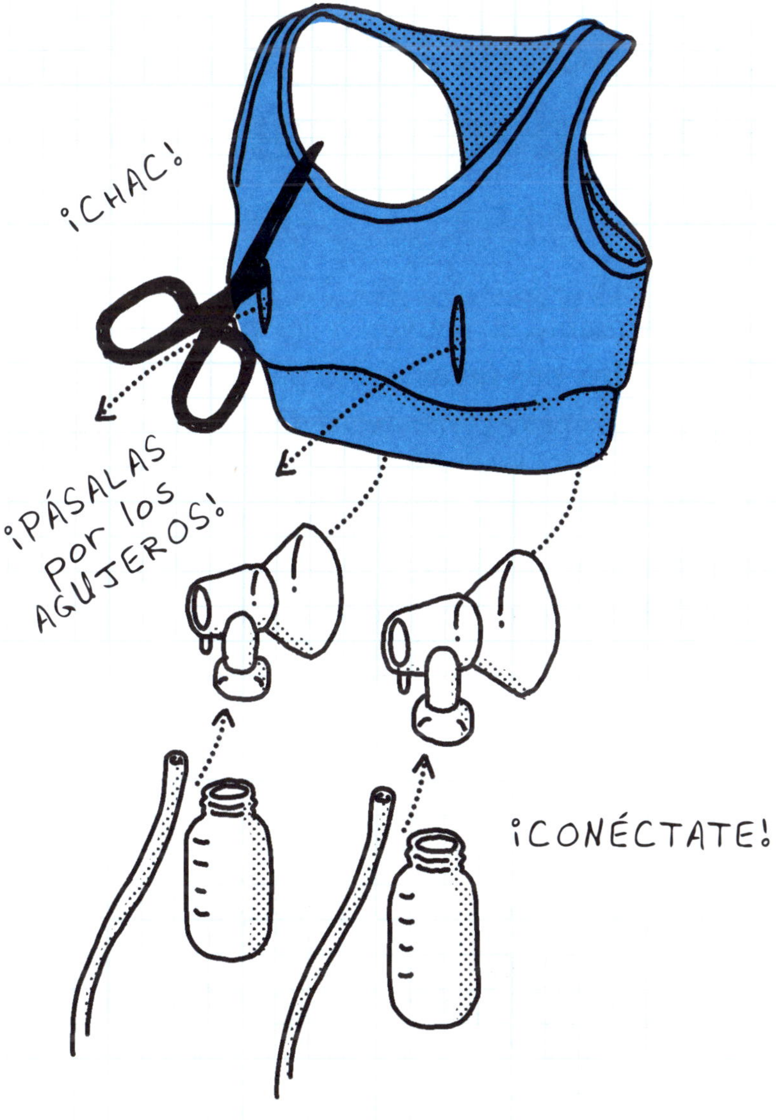
¡CHAC!
¡PÁSALAS por los AGUJEROS!
¡CONÉCTATE!

70

Corta *salvaslips* por la mitad para crear discos protectores.

Otro «fascinante atractivo» de los primeros meses de ser madre: ¡las fugas en los pechos!

Los discos protectores (esos discos absorbentes que te pones dentro del sujetador) se encargan de los goteos repentinos, pero en algunas mujeres, los *salvaslips* cortados por la mitad funcionan igual de bien y cuestan mucho menos.

71

Organiza las botellas de leche extraída en cartones de seis botellas.

Guarda botellas de tu propia leche en la nevera, organizadas por fecha, en un cartón de seis botellas. (Apunta la fecha en la que te sacaste esa leche directamente en la botella con un rotulador de borrado en seco.) Ya no se derramará en la nevera, y los bebedores de cerveza en casa tendrán algo de lo que hablar.

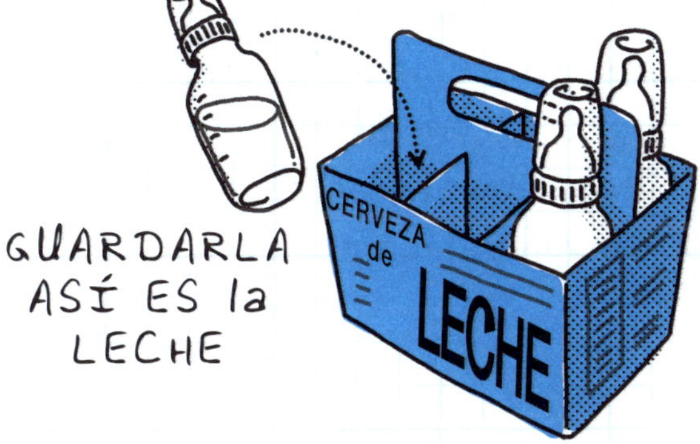

#72

Congela la leche extraída en una cubitera para guardarla fácilmente y descongelarla rápido.

Pasa de esas bolsitas de plástico y vierte la leche extraída en una cubitera limpia que tenga tapa y congélala. (Escoge una medida de cubitos que puedas meter fácilmente por la abertura del biberón.) Cuando la leche esté completamente congelada, mete los cubitos en una bolsa hermética y etiquétala con la fecha.

Cuando quieras utilizar la leche, mete tantos cubitos como quieras dentro de un biberón y déjalo flotar en un recipiente con agua caliente para que se descongele rápidamente.

VIÉRTELA en una CUBITERA LIMPIA...
CONGÉLALA y GUÁRDALA...
¡BIBERÓN a PUNTO!

6 consejos inteligentes para extraer mejor la leche

La mayoría de las madres lactantes mantienen una estrecha relación con su sacaleches y, para muchas, es una relación complicada: útil pero incómoda. Te salva la vida, pero es una faena. Aquí tienes algunos consejos inteligentes de otras madres que se extraen leche.

1 **Hazte** un sujetador de maternidad con bombeo manos libres (páginas 156-157).

2 **Bebe** agua mientras te sacas leche.

3 **Inclínate** hacia delante y masajéate los pechos. (Deja que la gravedad te ayude.)

4 **Cierra** los ojos, respira hondo y visualiza una ruidosa cascada. (Va en serio, algunas madres confían en este recurso.)

5 **Compra** repuestos del sacaleches para que siempre tengas uno limpio. Si te lo puedes permitir (o has heredado uno), ten otro en el trabajo.

6 **Guarda** la leche extraída a temperatura ambiente hasta 6 horas (va bien saberlo por si no tienes una nevera a mano).

#73

Limpia los tapones y las válvulas de los vasos de aprendizaje con pastillas para limpiar dentaduras.

De vez en cuando (los vasos de aprendizaje pueden ponerse guarretes) echa tres pastillas para limpiar dentaduras postizas en un bol mediano con agua caliente. Añádele las piezas de los vasos de aprendizaje y déjalas en remojo durante 30 minutos. Aclara las piezas bajo el grifo y deja que se sequen.

#74

Mezcla la leche de fórmula para lactantes en una botella mezcladora.

Las botellas mezcladoras (esos tubos de plástico con líneas de medida y un pitorro que se puede cerrar) son conocidas entre quienes van al gimnasio porque allí es donde mezclan las bebidas nutricionales. Pero también son útiles para mezclar más de una ración de leche de fórmula para lactantes.

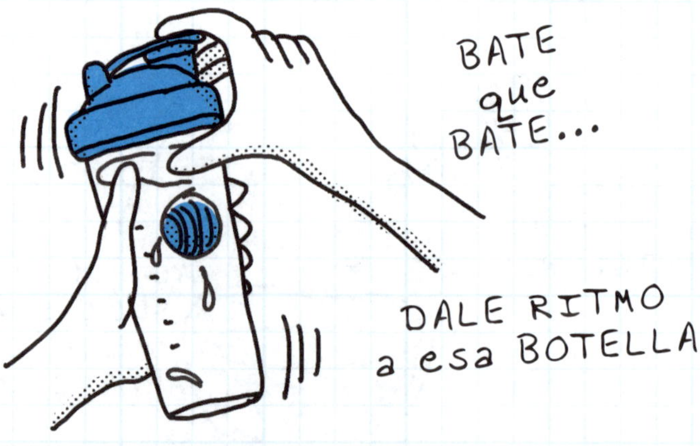

#75

Usa un dosificador de leche de fórmula que tenga compartimentos como recipiente para tentempiés.

A los padres nos encantan esos dosificadores para la leche de fórmula con varios compartimentos para preparar biberones cuando no estamos en casa. Cuando tu hijo haya pasado la fase de los biberones, conviértelo en un recipiente para guardar pequeños tentempiés secos para picar.

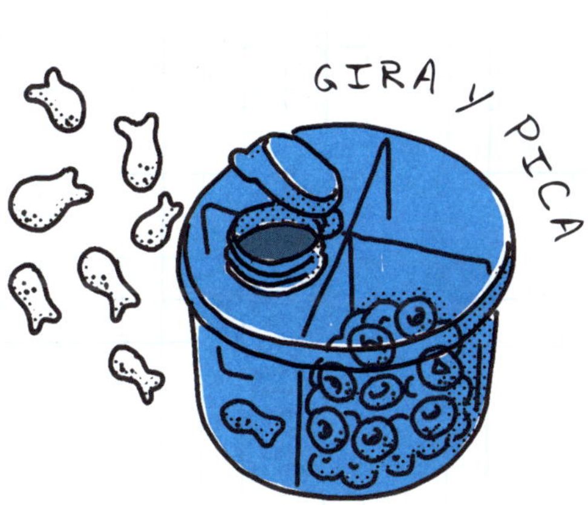

ESA REJILLA MULLIDA que PROPORCIONA SUJECIÓN en SUPERFICIES PLANAS SE LLAMA

FORRO DE CAJÓN ANTIDESLIZANTE

y MERECE la PENA COMPRAR un ROLLO, o CINCO.

DEBAJO de ALFOMBRILLAS
DEBAJO del CHAMPÚ y el GEL en la DUCHA
¡no resbalan!
DEBAJO de COMEDEROS
DETRÁS de CUADROS (para que SE MANTENGAN RECTOS en la PARED)
En una PERCHA, para que la ROPA NO SE CAIGA
DEBAJO de MANTELES
BASE para un PUZLE GIGANTE

#76

Pon un vaso de aprendizaje en un portalatas térmico.

Los portalatas térmicos se ajustan a la medida de varias marcas de vasos de aprendizaje y así resultan más fáciles de sujetar y mantienen el contenido del vaso más tiempo fresco.

77

Un recipiente con ventosas evitará que pierdas las válvulas de los vasos de aprendizaje.

Las válvulas de los vasos de aprendizaje se pierden fácilmente (o se van por el desagüe). Agrúpalos y ponlos a secar en un sujetaesponjas con ventosas en el interior del fregadero.

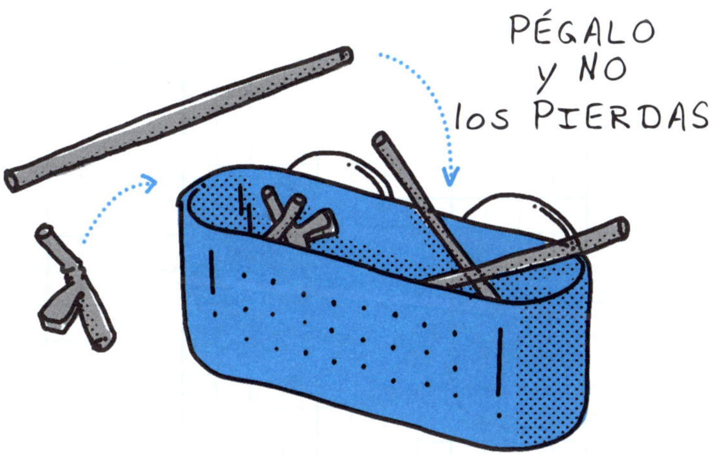

16 ingredientes que te permitirán salir del paso a la hora de cenar

Un niño de mal humor puede estropear incluso el plan de comidas mejor organizado. Necesitas tener ingredientes fáciles a mano para poder preparar con rapidez un plato contundente y nutritivo. Piensa en esta lista como en una garantía de que vas a cenar.

1 **Pasta.** Varias formas de pasta seca o congelada pueden ser la base de muchas cenas sencillas que gustan a los niños.

2 **Salsas embotelladas.** Las salsas de buena calidad (soja, barbacoa, marinera, curry) aportan sabor al instante a la verdura o a la carne a la plancha.

3 **Condimentos básicos.** Una pizca de sal, pimienta y cebolla o ajo en polvo realza el sabor de los platos.

4 **Caldo.** Añade caldo de pollo, de ternera o de verduras (en lata, concentrado o en cubitos) a arroces, sopas y salsas para realzar el sabor.

5 **Atún en lata y salmón.** Añade pescado a las ensaladas o dale forma de hamburguesa.

6 **Legumbres en lata.** Las legumbres son una fantástica y económica fuente de proteínas y están casi a punto para comer (sobre todo si hay salsa cerca).

7 **Tomates en lata.** Muchos platos fáciles empiezan con una lata de tomates o de salsa de tomate.

8 **Cereales de cocción rápida.** El arroz, la quinua, el bulgur y el cuscús pueden cocerse mientras preparas el resto de la comida.

9 **Aceite de oliva.** Utilízalo en salteados y revueltos, y para aliñar ensaladas.

10 **Mantequilla.** Un poco de mantequilla y una pizca de sal dan sabor y suculencia a la verdura al vapor, a la pasta y al arroz.

11 **Huevos.** Revueltos, fritos o duros, son una fuente de proteína rápida y versátil.

12 **Ajo y jengibre picados.** Guarda un tarro de cada en la nevera para añadir sabor rápidamente sin liarte a trocearlos.

13 **Queso rallado.** Parmesano, Monterrey Jack, cheddar y mozzarella, todos se congelan bien.

14 **Surtido de verduras congeladas.** La calidad es buena, el precio está bien y no tienes que lavarlas ni cortarlas.

15 **Trozos de carne rápidos de cocinar.** Pídele a tu carnicero que te corte y envuelva la carne para que la puedas cocinar directamente o congelar.

16 **Salchichas y albóndigas.** Añádelas a la salsa de la pasta para lograr comidas contundentes, o saltéalas y sírvelas con salsa barbacoa.

#78

Corta la comida con tijeras de cocina.

Las tijeras de cocina pueden cortar espaguetis, partir comida con la que los niños podrían atragantarse, como uvas o salchichas, e incluso trocear palitos de queso en bocaditos. Y sin ensuciar una tabla de cortar o lidiar con un cuchillo afilado.

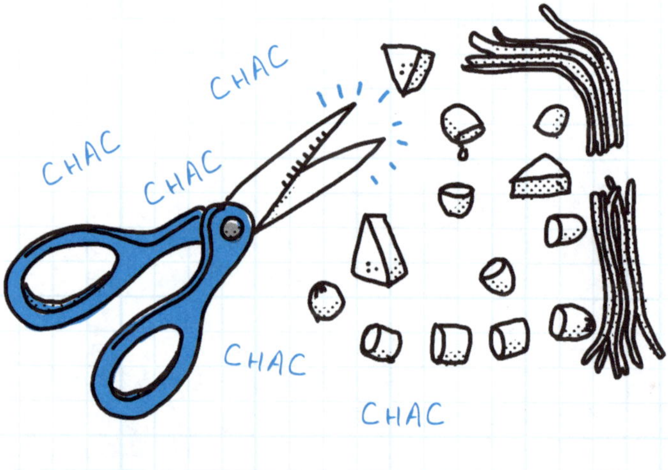

Sirve «muestras» de nuevos alimentos en una cubitera.

Tu hijo no lo ve muy claro cuando le sirves alimentos nuevos a la hora de comer, pero devora las pequeñas muestras en las tiendas. ¿Te suena? Si es así, prueba a llenar una cubitera con bocaditos para picar ¡y sírveselos!

#80

Utiliza un vaso de chupito como vaso para niños pequeños.

Si tu hijo quiere beber en un vaso normal, deja que empiece con un vaso de chupito o un tarro limpio de comida para bebé. Con menos líquido que derramar, les resultan más fáciles de maniobrar a las manos pequeñas.

#81

Pon el kétchup debajo de la salchicha de Frankfurt.

Cuando tu hijo consiga comerse perritos calientes enteros, pon el kétchup en el pan antes de meter la salchicha. ¡Se ensuciará menos las manos y la ropa!

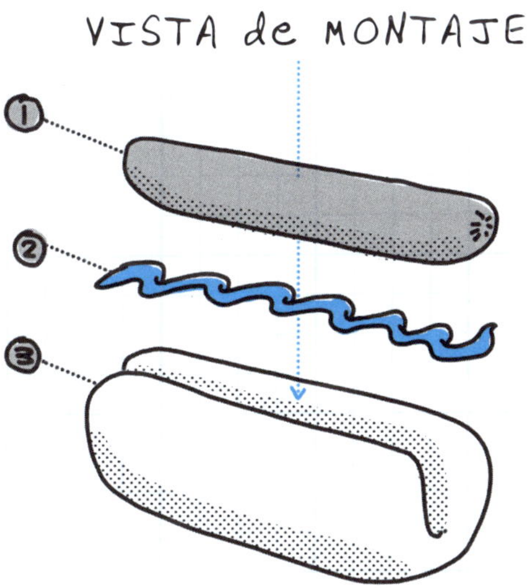

#82

Haz bocadillos «al revés» para utilizar los extremos del pan.

De niña, mi madre me decía que me tenía que comer los extremos de las barras de pan porque «el cuscurro es la parte más saludable». Tenía sentido (al fin y al cabo, la piel es la parte más saludable de la manzana, ¿verdad?). Y yo, obediente, engullía mis bocadillos.

Si tu hijo es más espabilado que yo, gira los extremos del pan de molde para que queden por dentro del bocadillo. Seguramente, tu hijo no se dará cuenta.

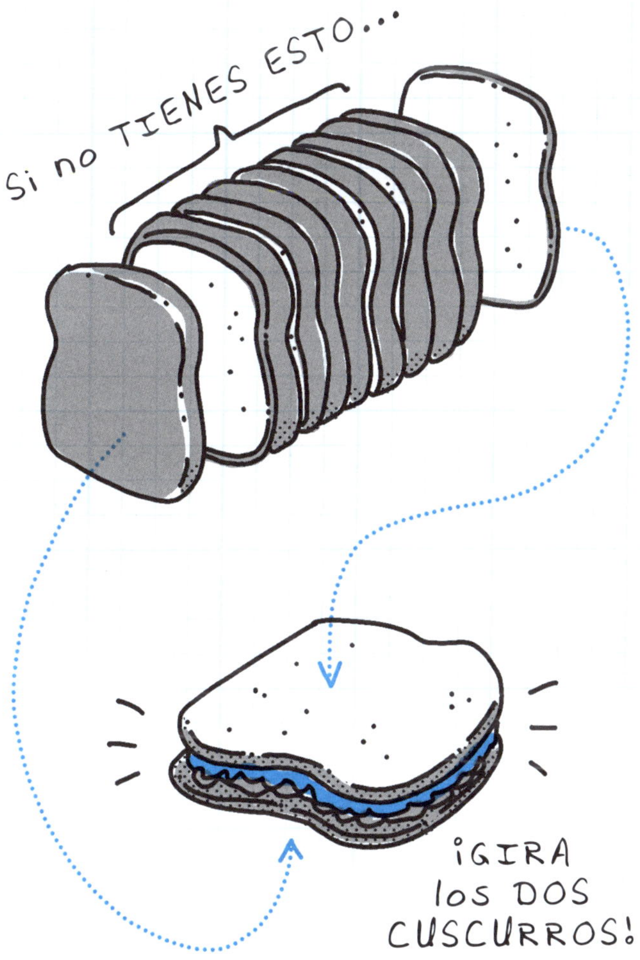
Si no TIENES ESTO...
¡GIRA
los DOS
CUSCURROS!

#83

Enfría la comida caliente añadiéndole fruta y verdura congelada.

Para enfriar la comida rápidamente, añádele fruta o verdura congelada, cubitos o salsa fría. (Piensa en arándanos congelados mezclados con avena caliente, o salsa de tomate fría en la pasta acabada de salir del fuego.) Los productos congelados se descongelan y la salsa fría se calienta a la vez que enfría la comida caliente.

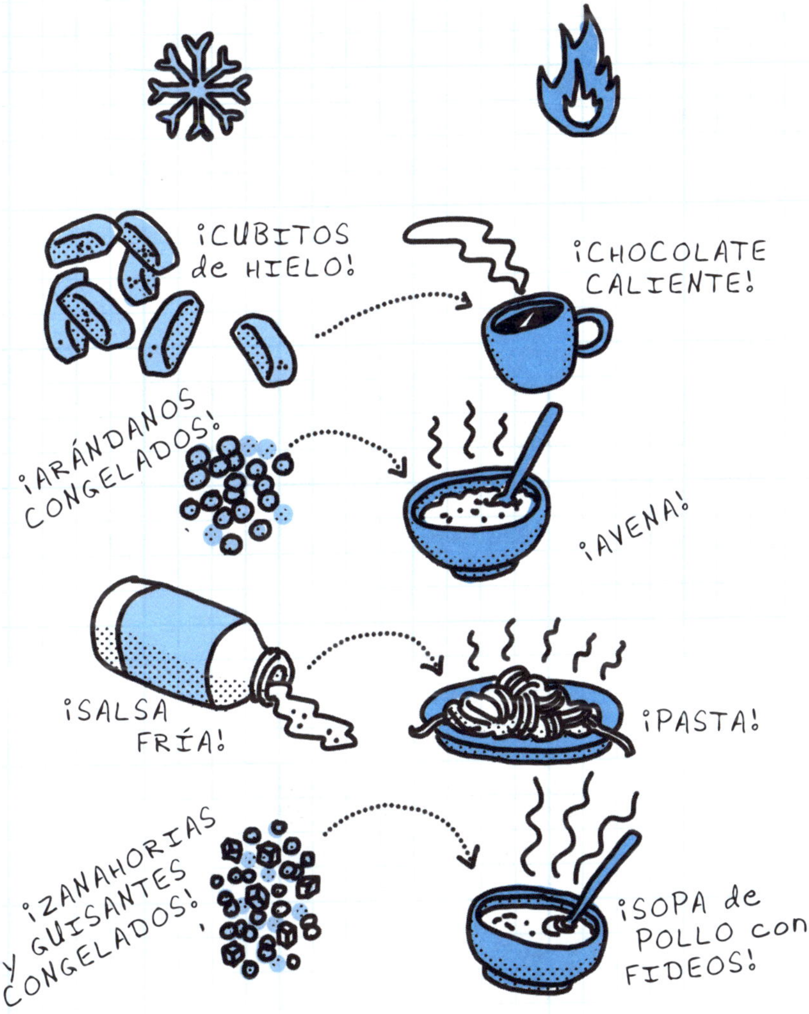
¡CUBITOS de HIELO!
¡CHOCOLATE CALIENTE!
¡ARÁNDANOS CONGELADOS!
¡AVENA!
¡SALSA FRÍA!
¡PASTA!
¡ZANAHORIAS y GUISANTES CONGELADOS!
¡SOPA de POLLO con FIDEOS!

#84

Limpia la trona con un palillo de dientes envuelto en una toallita.

Envuelve el extremo de un palillo de dientes con una toallita y pásalo por las ranuras difíciles de limpiar. Es lo suficientemente estrecho para llegar a todos los rincones y la toallita disuelve la porquería.

Capítulo 8
Salud y seguridad

La vida familiar está llena de resfriados, otitis, rodillas peladas y otros peligros que no podemos anticipar, y no hay nada más agotador o preocupante que tu hijo se ponga enfermo o se haga daño.

No puedes proteger a tus hijos de todos los virus o esquinas puntiagudas, pero puedes armarte con algunos trucos para hacer más llevaderos los días en los que se ponga enfermo. Cualquier cosa que ayude a tu hijo (y a ti) a mantener la calma y la tranquilidad acelerará la recuperación para que ambos podáis volver a hacer vida normal (sea lo que sea eso) cuanto antes.

#85

Mantén las puertas de los armarios cerradas con pulseras de silicona.

Ancladas en torno a los pomos de las puertas de los armarios, las pulseras de silicona sirven de cerraduras ligeras; lo suficientemente ajustadas para que los bebés no puedan abrir las puertas, pero lo suficientemente flexibles para que un adulto pueda quitarlas sin dificultad. ¿No tienes pulseras? Utiliza coleteros o gomas elásticas gruesas.

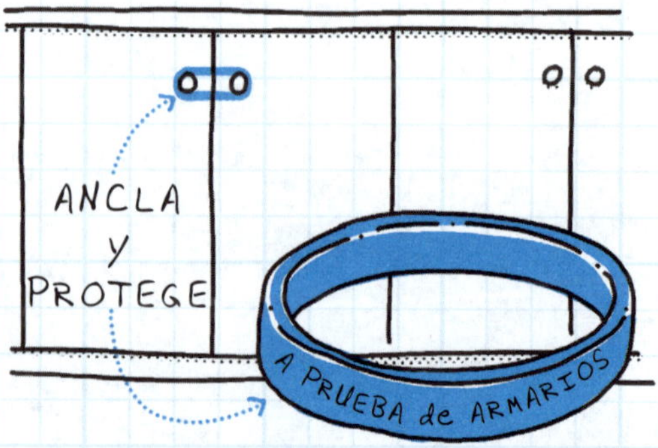

86

Utiliza la tetina del biberón para dar medicamentos.

Si te cuesta darle medicamentos a tu hijo con el cuentagotas que viene en los envases, pon un dedo para tapar el agujero de la tetina de un biberón, vierte el medicamento y luego métele la tetina en la boca.

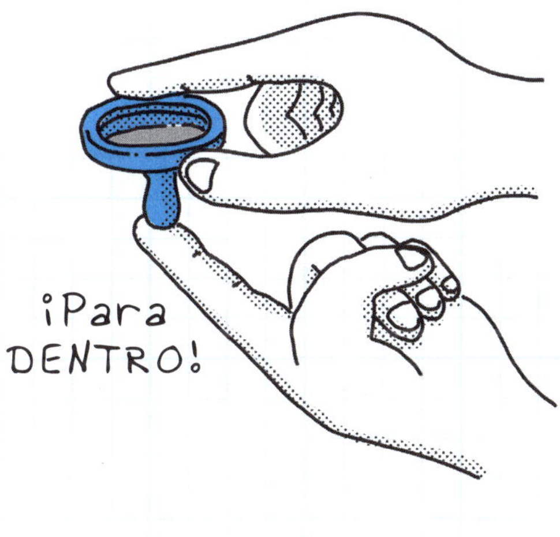

AUNQUE SEA el REY de las PISCINAS en VERANO, el

CHURRO DE PISCINA

ES INCREÍBLEMENTE VERSÁTIL. CÓRTALO en TROZOS MÁS PEQUEÑOS con un CUCHILLO de SIERRA y USALO en TODAS PARTES.

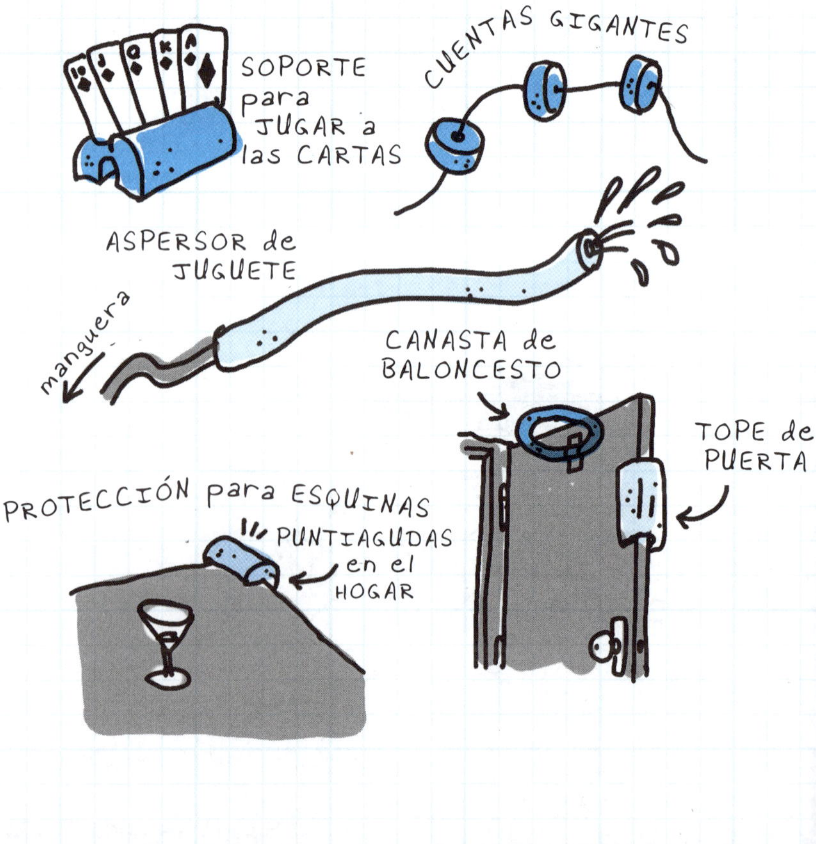

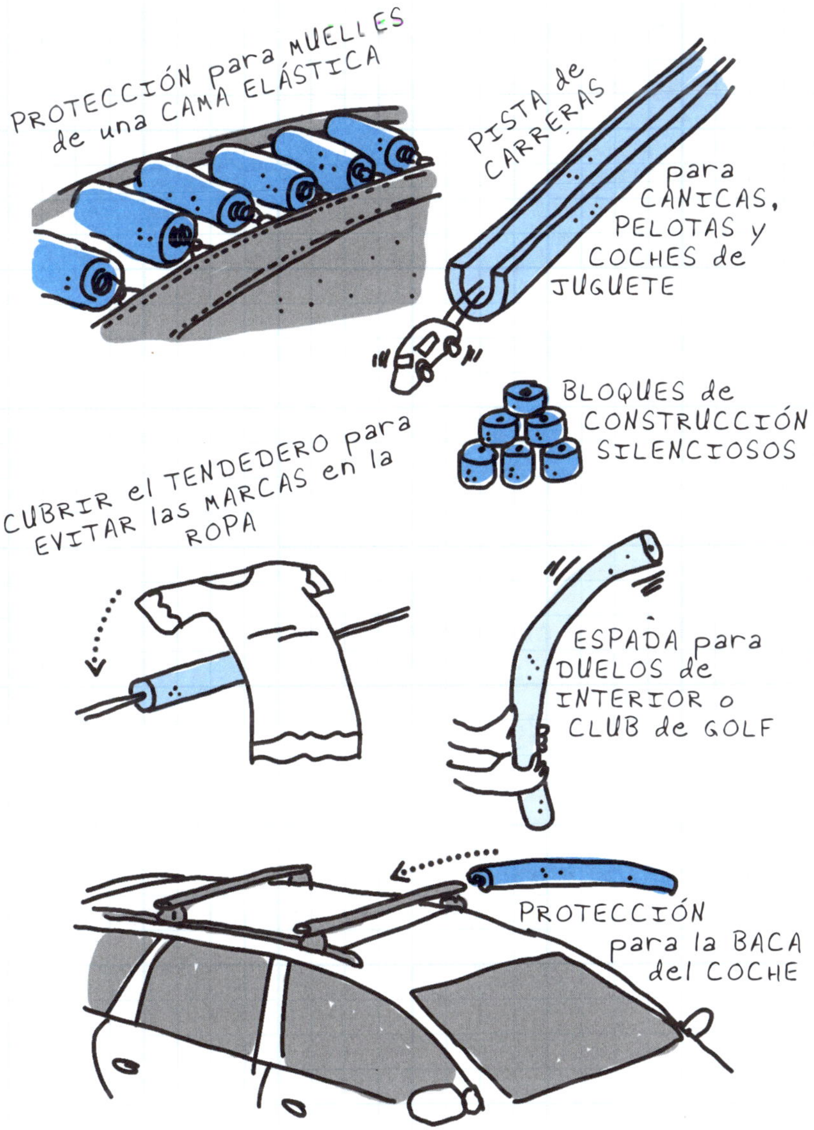

PROTECCIÓN para MUELLES de una CAMA ELÁSTICA
PISTA de CARRERAS para CANICAS, PELOTAS y COCHES de JUGUETE
BLOQUES de CONSTRUCCIÓN SILENCIOSOS
CUBRIR el TENDEDERO para EVITAR las MARCAS en la ROPA
ESPADA para DUELOS de INTERIOR o CLUB de GOLF
PROTECCIÓN para la BACA del COCHE

#87

Apunta las dosis de los medicamentos en el espejo del baño para tenerlas controladas.

Tu hijo está enfermo y necesita X mililitros de medicina cada Y horas durante Z días... Parece el enunciado de un problema matemático. Tener controladas las dosis y los horarios de un medicamento puede confundir incluso a la persona más organizada, sobre todo si duermes a trompicones y se trata de una tarea compartida.

Hazte la vida más fácil escribiendo las dosis y las horas directamente en el espejo del baño con un rotulador de borrado en seco, cerca de la medicación, para que todo el mundo esté al caso.

DOSIS para el BEBÉ
1.875 ml
6:00 h ✓
12:00 h ✓
18:00 h X
00:00 h

#88

Guarda los clínex sucios en una caja de clínex convertida en papelera.

Utiliza cinta americana o gomas elásticas para unir una caja de pañuelos llena con una vacía. Mete los pañuelos usados en la caja vacía.

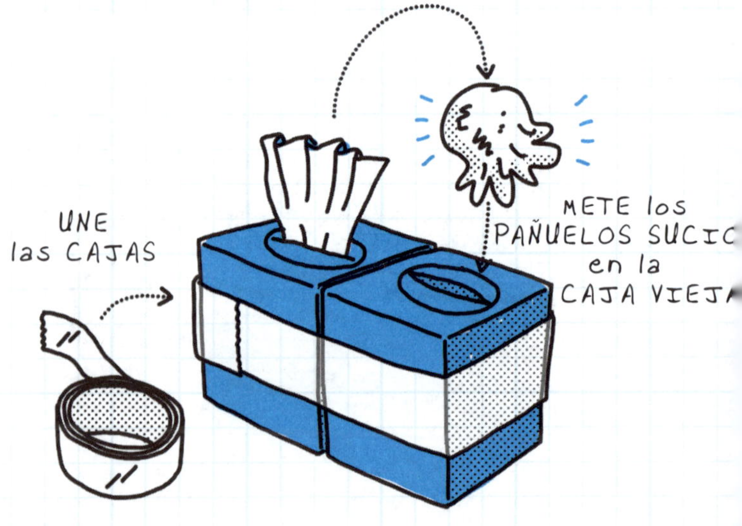

Usa un orinal de entrenamiento como recipiente para vómitos.

Es mucho más fácil limpiar después de un vómito si tienes un orinal de entrenamiento cerca. La base estable evitará que se vuelque y el bol extraíble facilitará la tarea de vaciar y limpiar.

8 ideas para hacer cosas de adultos sin necesitar una canguro

Necesitas desesperadamente una canguro, porque el tiempo que no estás con tu hijo recarga las pilas de la relación de pareja que no siempre te das cuenta de que se están acabando. Pero cuando lo de salir no es una opción, aún puedes divertirte con los amigos o conseguir un poco de romanticismo con tu pareja. Está claro que te interrumpirán, pero piensa que a lo mejor esta será la noche que al fin tu hijo se quedará dormido.

1 Noche de película de primera. Haz que una noche de peli sea una oportunidad para cambiar de sitio (portátil en la cama en vez de sofá y tele) o de tentempié (palomitas y dulces, pizza, ¿bebidas para adultos?).

2 Avivad el fuego y tomad un chocolate caliente. Puedes preparar un chocolate caliente u hornear un pastel para endulzar el momento.

3 Cenad juntos cuando los niños duerman. Dales una cena sencilla a los niños y luego prepara una cena especial cuando ya estén en la cama. Pide comida para llevar, saca la vajilla de porcelana y unas velas, sirve un poco de vino, pon un poco de música (tranquila) y disfruta de una velada de conversaciones ininterrumpidas.

4 Noche de juegos.

Los juegos de mesa y los de cartas son más divertidos de lo que recuerdas, sobre todo si le echas un vistazo a una tienda de juegos en vez de a una de juguetes. Olvídate del Monopoly y juega a algo nuevo. Si los juegos de mesa no son lo vuestro, jugad a videojuegos o haced un crucigrama o un puzle juntos.

5 Haced manualidades.

Ponerse creativos y artistas juntos puede ser la bomba.

6 Mirad las estrellas.

Una vez que los niños estén en la cama, buscad algunas mantas (y, si queréis, el receptor del bebé) y llevadlas fuera; tiraos en algún sitio íntimo para mirar las estrellas. Te preguntarás por qué no lo has hecho antes.

7 Enrollaos en el coche.

A no ser que quieras montar un espectáculo gratuito para los vecinos, aparca el coche en el garaje.

8 Id a dormir temprano.

Id a la cama justo después que los niños. Olvidaos de los platos, de la lista de tareas por hacer y de la televisión nocturna. (Vosotros decidís qué queréis hacer cuando cerréis la puerta.)

#90

Pon un clip al final de los polos flash.

Para algunos niños, la gastroenteritis tiene su lado positivo: los polos flash que les dan para rehidratarse. Pero esos polos tienden a meterse hacia dentro del envoltorio y a los niños pequeños les resultan difíciles de manejar.

Hay una solución fácil: aprieta por debajo para que salga el polo del plástico y luego engánchale una pinza para bolsas, un clip de presión o una pinza de la ropa en la parte inferior del envoltorio para que el polo se quede en su sitio.

ESTACIÓN de REHIDRATACIÓN:
APRIETA el POLO
PON un CLIP

#91

Cura la piel agrietada de tu hijo con crema para pezones.

¿Te sobra crema para los pezones? Utilízala para proteger y aliviar la piel irritada a causa de la dentición, de sonarse la nariz y de chuparse el dedo.

Capítulo 9

Diversión y aprendizaje

Ser padre es un curso intensivo para convertirte en adulto, pero también te devuelve la diversión de cuando eras niño. Hacer caras graciosas y cantar canciones sin ton ni son son maneras legítimas de deleitar a tu hijo y demostrar que eres un padre genial. Jugar vuelve a ser parte de tu trabajo.

Aún mejor: para los niños pequeños no existe distinción entre jugar, trabajar y aprender. Cada momento de juego les enseña algo sobre el mundo.

Y cuanto menos tiempo te pases pensando en juegos y juguetes, más tiempo tendrás para divertirte.

#92

Utiliza la puerta abierta del lavavajillas como superficie para verter líquidos.

Ayuda a tu hijo a practicar su destreza minimizando a la vez la inevitable limpieza cuando quiera «ayudarte» a medir los ingredientes para la cena. Pon el bol en la puerta abierta del lavavajillas para crear una superficie baja en la que verter los ingredientes.

#93

Lava los juguetes pequeños en el lavavajillas, en una bolsa de malla para la colada.

Si las piezas de Lego y los animales de plástico del zoo se están poniendo mugrientos, mételos en una bolsa de malla para la colada que cierre con cremallera y ponlos en el lavavajillas (en la parte superior, y que se sequen al aire).

INCLUSO CUANDO TUS HIJOS DEJEN de USAR TOALLITAS, TAL VEZ AÚN TENGAS UNA o DOS

CAJAS DE TOALLITAS

VACÍAS por CASA. AQUÍ TIENES ALGUNOS de MIS USOS FAVORITOS:

ORGANIZA el MATERIAL ARTÍSTICO y ESCOLAR

GUARDA PIEZAS PEQUEÑAS de BIBERONES y VASOS de APRENDIZAJE

CUBO de BASURA para el COCHE

ORGANIZA PAQUETES de ESPECIAS en la DESPENSA

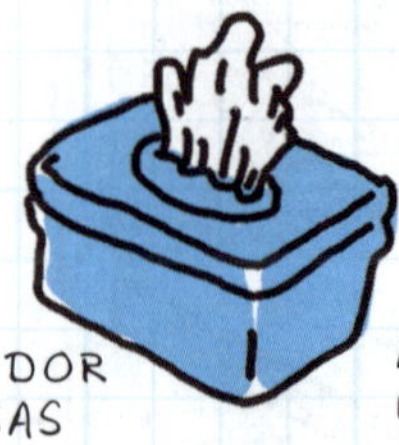

DISPENSADOR de BOLSAS de PLÁSTICO

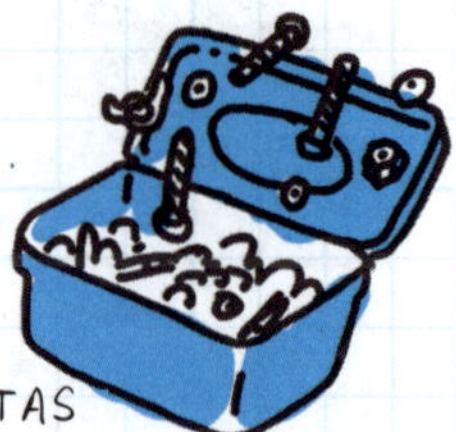

ALMACENA HERRAMIENTAS y OTROS OBJETOS PEQUEÑOS en el GARAJE

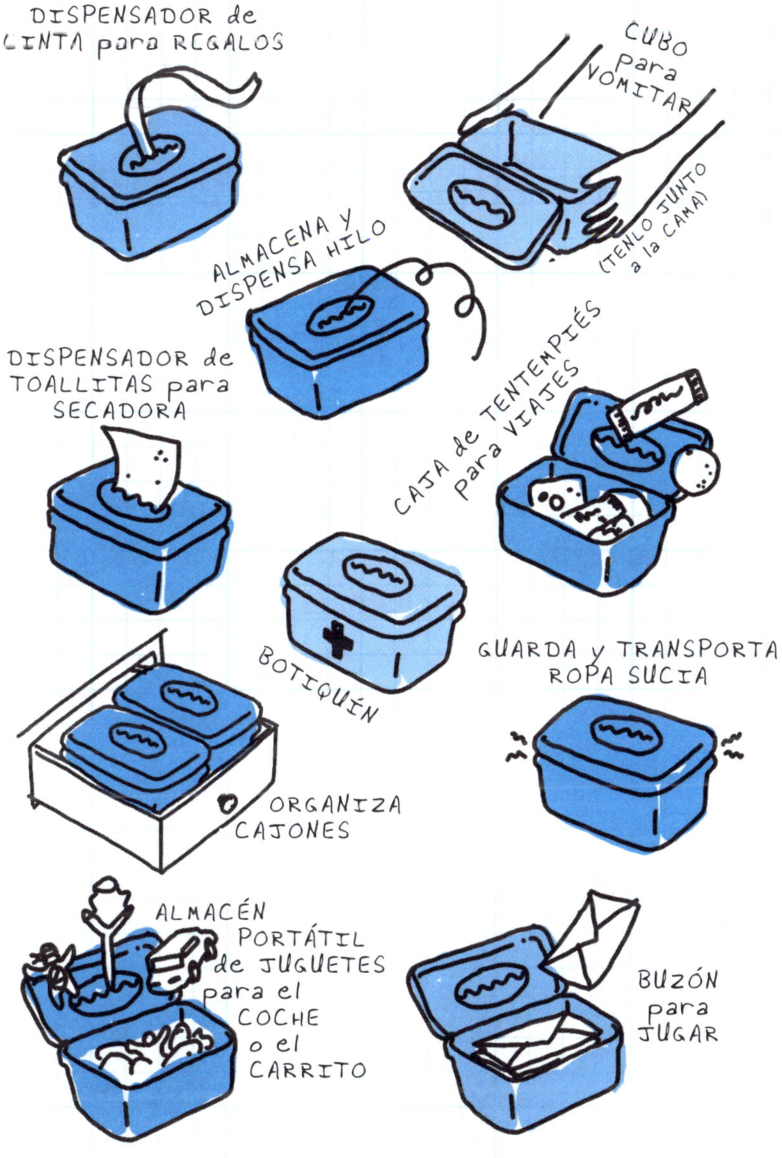
DISPENSADOR de CINTA para REGALOS
CUBO para VOMITAR
(TENLO JUNTO a la CAMA)
ALMACENA y DISPENSA HILO
DISPENSADOR de TOALLITAS para SECADORA
CAJA de TENTEMPIÉS para VIAJES
BOTIQUÍN
GUARDA y TRANSPORTA ROPA SUCIA
ORGANIZA CAJONES
ALMACÉN PORTÁTIL de JUGUETES para el COCHE o el CARRITO
BUZÓN para JUGAR

#94

Antes de pintar, ponle crema hidratante en las manos para facilitar su lavado.

Si eres lo suficientemente valiente para darle un pincel cargado a tu hijo, ahórrate tiempo de limpieza: ponle crema hidratante en las manos para que la pintura salga más fácilmente cuando se las lave.

Guarda las ceras en una jabonera de viaje.

Una jabonera rectangular de plástico (que puedes comprar en cualquier bazar) tiene el tamaño y la forma ideales para guardar 24 ceras. No solo puedes deshacerte de la caja de cartón medio rota que viene con las ceras, sino que las mitades de la jabonera permiten que las ceras no se escapen de la mesa.

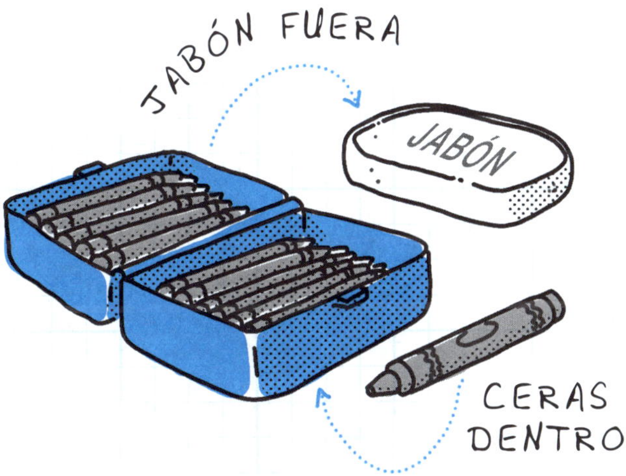

#96

Convierte un organizador de productos de limpieza en un kit artístico portátil.

Un organizador de productos de limpieza de plástico permite que el material artístico esté organizado y que sea más fácil de transportar hacia la mesa a la hora de empezar algún proyecto.

Limpia la purpurina con plastilina.

La purpurina es algo mundialmente adorado, mundialmente derramado y luego mundialmente odiado. Pero es divertido convertir un percance en un proyecto artístico. Haz rodar plastilina por encima de una mesa llena de purpurina para limpiarla y crear así plastilina brillante. Todos salen ganando.

6 formas fáciles de exponer, organizar y reutilizar las obras de arte de tus hijos

El problema con las obras de arte de tus hijos es que son todas demasiado adorables. (O puede que no lo sean, pero aun así resulta difícil tirarlas a la basura.) Sin embargo, lo que empieza siendo una maraña de garabatos en los primeros años acaba convirtiéndose en una avalancha de proyectos artísticos cuando el niño empieza preescolar. Cuanto antes te adelantes a los acontecimientos, mejor.

Hay maneras de celebrar las obsesiones artísticas de tu hijo: reinventa las cosas que no sean particularmente especiales y guarda lo más destacado para la posteridad.

Cuanto más selecciones, más harás brillar las verdaderas obras maestras.

Aquí tienes algunas ideas para exponer, reutilizar y conservar las obras de tu hijo en casa.

1 Crea una galería de arte colgante en el recibidor o en el garaje.

Cuelga un alambre en el que podrás tender dibujos y pinturas (con clips de presión o pinzas de la ropa de madera). Tirar arte antiguo es más fácil después de haberle dado su tiempo de exposición.

2 Utiliza pinturas y dibujos para crear un collage barnizado.

Llamada también *decoupage*, esta técnica recubre un objeto con un mosaico de trozos de papel y pegamento diluido. Úsala para cubrir un marco de fotos barato con trozos de un dibujo colorido.

3 Envuelve regalos con los proyectos artísticos de tus hijos.

Es la manera perfecta de utilizar esos trozos tan grandes de papel de periódico (¡y quien reciba el regalo estará encantado!). Corta otros trozos más pequeños para hacer tarjetas o etiquetas para los regalos.

4 Plastifica algunas creaciones y utilízalas como salvamanteles.

Puedes comprarte una máquina para plastificar en casa (es sorprendentemente útil) o llevar las obras de arte originales a la copistería. Una vez plastificadas, las obras de arte se limpian fácilmente con un papel de cocina húmedo.

5 Escanea o saca una foto de tus creaciones preferidas y tira los originales.

Si quieres, puedes ir un paso más allá y recopilar las fotos en un libro o calendario (fácil de hacer en internet a través de varios servicios de impresión de fotos).

6 Almacena proyectos artísticos en tubos de cartón.

De este modo, todo está despejado y ocupa muy poco. A la que aumente el volumen de obras de arte, compra un nuevo tubo para cada año.

#98

Limpia la piscina infantil con un colador de cocina.

Las piscinas infantiles son la alegría del verano, pero ¿y lo de sacar las hojas, los bichos y los trozos de hierba? Pues no tanto. Saca la suciedad del agua con un colador de cocina. Luego cubre la piscina con una sábana bajera de cuna.

#99

Convierte la cuna de viaje en una piscina de bolas.

Las zonas de juego llenas de bolas de plástico y niños demasiado excitados «parecen» un lugar divertido... hasta que llega el caos y todo se vuelve un desastre. Crea tu propia piscina de bolas llenando una cuna de viaje o una piscina infantil con bolas de plástico.

#100

Llena una bolsa hermética con yogur o pudín para crear pintura de dedos sin ensuciar.

Deshazte de la tortura (de esa tediosa limpieza) que supone la pintura de dedos llenando de yogur una bolsa de congelar hermética, sacándole el aire y sellándola. Pon la bolsa sobre la mesa y deja que tus hijos se lo pasen bien presionándola y moldeándola.

Aquellas veces en que ponerse perdido sea parte de la diversión, pon el yogur directamente en la bandeja de la trona para crear «pintura de dedos» divertida y comestible. (Para un mejor resultado, haz esta actividad justo antes de bañar a tu hijo.) Encontrarás más usos de las bolsas herméticas en las páginas 86-87.

ESTRUJA sin PARAR...
PERO ¡sin ENSUCIAR!

#101

Retén las piezas pequeñas en una bandeja de horno.

Si a tu hijo le encanta jugar con cuentas, bloques de Lego, piezas geométricas o juegos con componentes pequeños, dale un «salvamanteles para jugar», es decir, una bandeja de horno. Los juguetes se quedan en un mismo lugar, es más fácil recogerlos y es más difícil que las piececitas con las que los hermanos pequeños podrían atragantarse acaben en el suelo, donde podrían encontrarlas fácilmente.

(Esta también es una buena técnica para que ceras y rotuladores no se escapen de la mesa.)

¡ACORRALA
los
TRASTOS!
(La MAYORÍA)

#102

Convierte una caja de almacenaje bajo la cama en un cajón de arena.

Construir un cajón de arena exterior requiere tiempo, habilidad y dinero. Pero, en cambio, llenar de arena una caja de plástico con tapa, de las que se usan para almacenar cosas debajo de la cama, es rápido, fácil y barato. Puedes comprar la caja en una tienda de productos para el hogar. La puedes mover para que esté siempre a la sombra y luego taparla cuando se haya terminado la hora de jugar.

Para hacer una versión de interior, llena la caja con arroz (fácil de recoger con una escoba o una aspiradora).

¡CAJÓN de ARENA EXPRÉS!
¡TÁPALO y GUÁRDALO!

AL SER PLEGABLE, LAVABLE e IMPERMEABLE, PUEDES HACER UN MONTÓN DE COSAS CON UN

MANTEL DE HULE.

TEN UNO en CASA y OTRO en el COCHE: TE SORPRENDERÁ lo MUCHO que lo USARÁS.

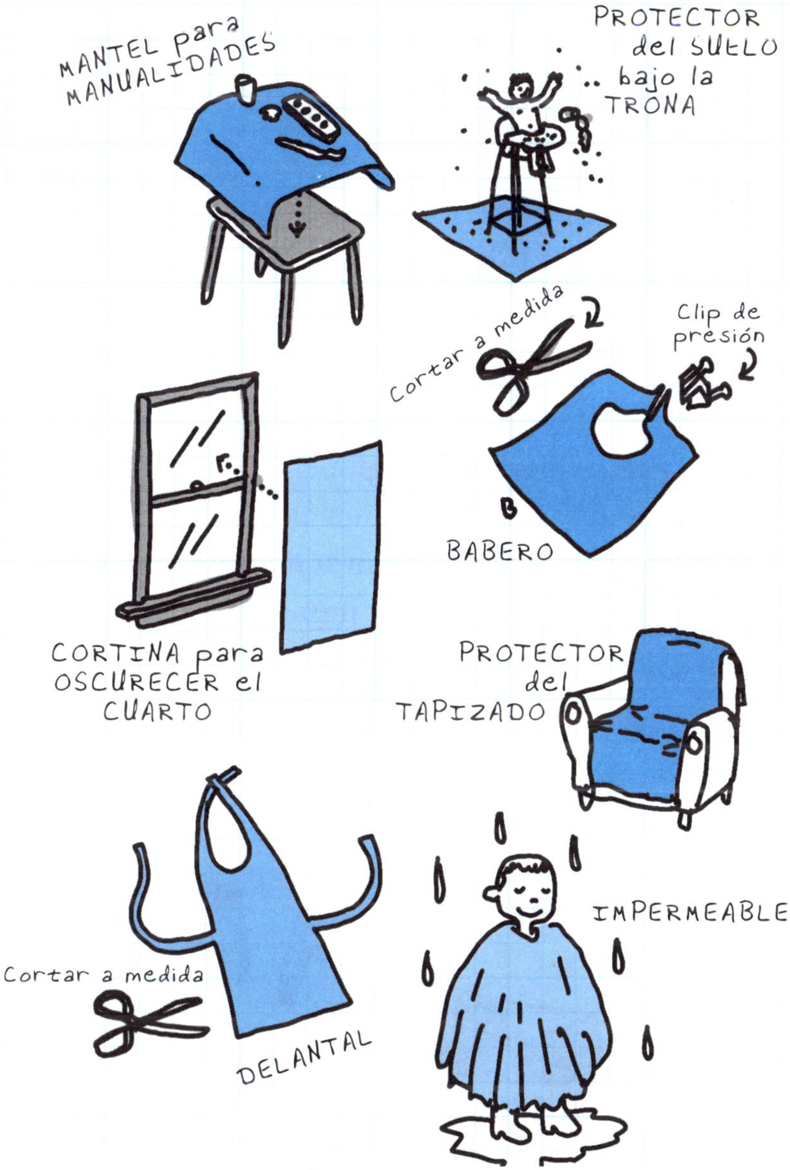
MANTEL para MANUALIDADES
PROTECTOR del SUELO bajo la TRONA
Cortar a medida
Clip de presión
BABERO
CORTINA para OSCURECER el CUARTO
PROTECTOR del TAPIZADO
IMPERMEABLE
Cortar a medida
DELANTAL

#103

Prolonga la vida de los juguetes musicales sacándoles las pilas.

¡Los juguetes electrónicos pueden ser igual de divertidos sin pilas! Los niños pequeños no se dan cuenta y estarán encantados si unos meses más tarde le pones pilas al juguete y emite sonidos.

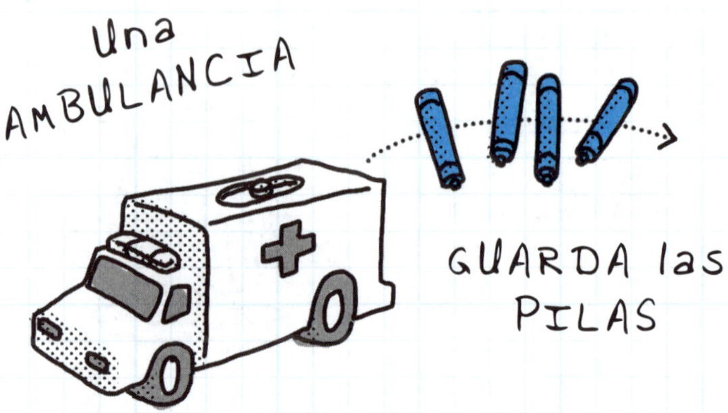

#104

Limita el tiempo frente a la tele empezando los programas por la mitad.

Tienes un cuarto de hora, pero tu hijo quiere ver un programa que dura media hora. Ahórrate pataletas empezando el programa por la mitad. Será menos probable que se queje si apagas la tele después de los créditos.

#105

Define zonas de juego en espacios compartidos con cinta de carrocero.

Normalmente, los niños quieren llevar sus juguetes allí donde esté el resto de la familia. Pega cinta de carrocero azul en el suelo para definir una «zona de juego» en los espacios compartidos. Esto ayuda a retener los juguetes en un lugar y a la vez enseña a los niños a respetar los espacios compartidos (y además, se saca fácilmente en caso de que la «arquitectura» del espacio tenga que cambiar). Encontrarás más usos de la cinta de carrocero en las páginas 56-57.

ZONA sin JUGUETES
TODO VALE

#106

Controla el uso de aparatos electrónicos con fichas de póquer y un temporizador de cocina.

El tiempo que los niños pasan delante de una pantalla es tanto un alivio como una frustración para los padres. Aquí tienes una manera de controlarlo y monitorizarlo.

Compra un paquete de fichas de póquer y un temporizador. Decide cuánto tiempo vale cada ficha. Si hace falta, asigna cada color de las fichas a una actividad.

Explica cómo funciona el nuevo «banco de aparatos electrónicos»: tu hijo recibe o gana una o más fichas cada día. Por cada ficha que te pague, recibe una determinada cantidad de tiempo.

1 ficha
=
5 min

#107

Guarda los puzles de madera en la pierna de unas medias para que no se pierdan las piezas.

Córtales una pierna a unas medias viejas y utilízala para guardar los puzles de madera. Las piezas no se caerán a la hora de recoger.

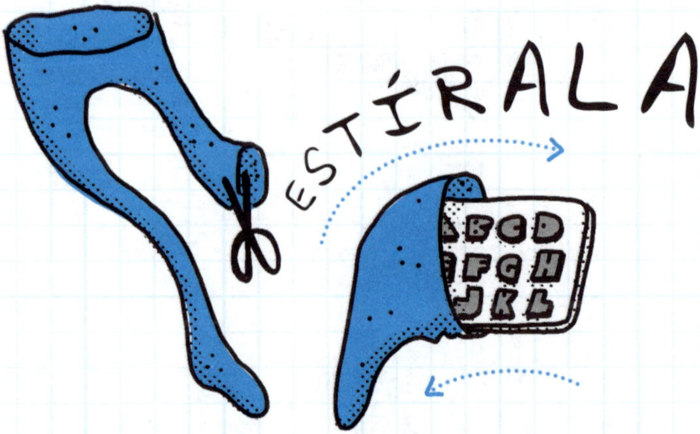

Capítulo 10
Viajes y salidas

Lo de «ir un momento a comprar» o «pasar unas vacaciones tranquilas» ya no existe. Los recados rutinarios se han convertido en aventuras épicas y lo de viajar por placer ahora contiene, inevitablemente, momentos de tortura (muchos padres bromean con que necesitan unas vacaciones después de volver de vacaciones).

Está claro que viajar con niños es más complicado. Pero a la vez está repleto de fascinación y sorpresas. Si aceptas la imprevisibilidad y minimizas los problemas, puedes maximizar la diversión de salir con tu familia.

#108

Una rebeca o un forro polar al revés sirven de manta para el coche.

¿Has intentado alguna vez abrochar a tu hijo en la silla del coche mientras lleva puesto un abrigo de invierno? Es como luchar contra una versión pequeña e irritable del muñeco Michelin.

En vez de esto, quítale la chaqueta a tu hijo, átalo a la silla y luego pásasela por los brazos para que le cubra la parte frontal del torso. Estará calentito y cómodo, y tú te ahorrarás la lucha con la silla del coche.

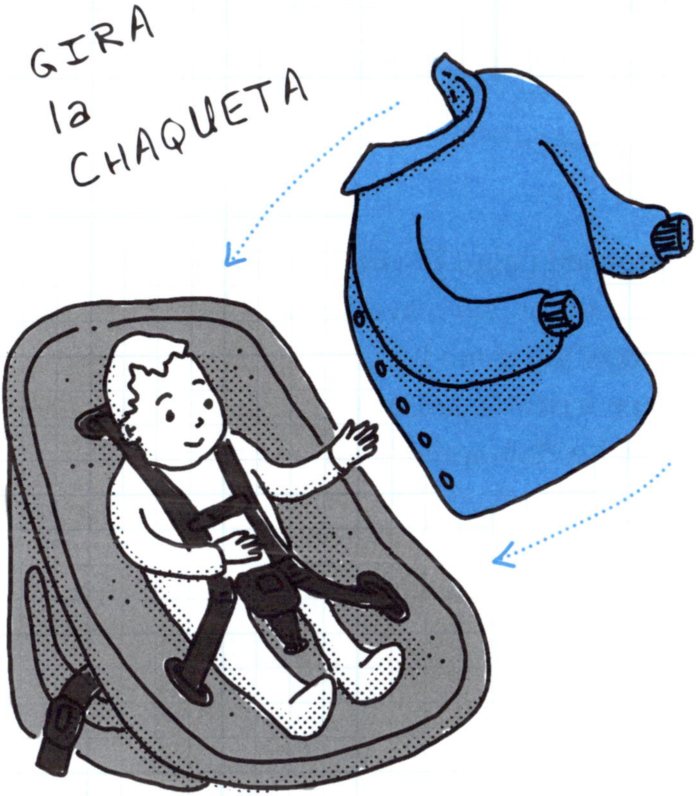
GIRA
la
CHAQUETA

#109

Cubre los asientos del coche con toallas para mantenerlos frescos.

En los días de calor, las hebillas del coche se calientan. Cubre los asientos con un par de toallas de playa gruesas. Las toallas también pueden servirte de mantas, cojines, asientos de pícnic, útiles de limpieza y protección del tapizado.

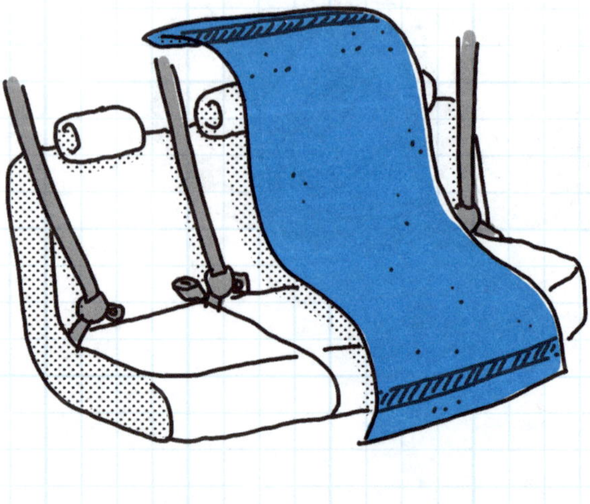

7 elementos en los restaurantes que también son juguetes

Tarde o temprano, tu hijo será «ese niño» en los restaurantes. Cuando los juguetes o ceras que lleves ya no te resuelvan el problema, entretén a tu hijo con objetos comunes en los restaurantes:

1 **Palitos para remover el café.** Ponlos encima de la mesa para crear formas, letras y diseños.

2 **Pajitas.** Quítales el envoltorio de papel para hacer una «oruga» elástica. (¡Y luego añádele unas gotitas de agua para hacerla crecer!) O enróllate una en el dedo para hacer un muelle en espiral.

3 **Cucharas de más.** Apenas os sentéis, pide cucharas de más. Dáselas a tu hijo si empieza a ponerse nervioso. (Pero no te olvides del genio de tu hijo: algunos juegan tranquilamente con cucharas; otros golpean la mesa y arman escándalo.)

4 **El menú.** A los bebés les encanta pasar páginas. A los niños mayores les puedes dar tareas: pueden empezar a identificar números y letras.

5 **Servilletas.** Juega a cucú tras con bebés y al tres en raya con niños mayores.

6 **Vasos de cartón.** Haz pirámides con ellos. Apílalos uno dentro del otro. Utilízalos de orejas o prismáticos.

7 **Protectores térmicos de cartón para tazas.** Conviértelos en puños de superhéroe.

#110

Cubre los posavasos del coche con envoltorios de magdalena.

Los juguetes, los papelitos y las piedrecitas suelen dejar los posavasos llenos de polvo, migas y otros residuos. Pon un filtro de café pequeño o el envoltorio de una magdalena en cada posavasos: a la hora de limpiar, simplemente sácalos y sustitúyelos por unos nuevos.

Usa un clip para manoplas para evitar que los dudús se pierdan.

Si a tu hijo le gusta llevarse el dudú cuando salís, toma medidas para que no se pierda. Engánchaselo a alguna prenda utilizando un clip para manoplas.

#112

Utiliza una bolsa con compartimentos para botellas para organizar el coche.

Durante los viajes en coche, todo va sobre ruedas cuando puedes encontrar y atrapar rápidamente el juguete o la comida que necesitas. Una bolsa con separaciones para botellas (de vino, por ejemplo) es el recurso perfecto. Es pequeña, y los compartimentos verticales tienen la medida perfecta para guardar juguetes, material para manualidades y tentempiés sin que se mezcle todo.

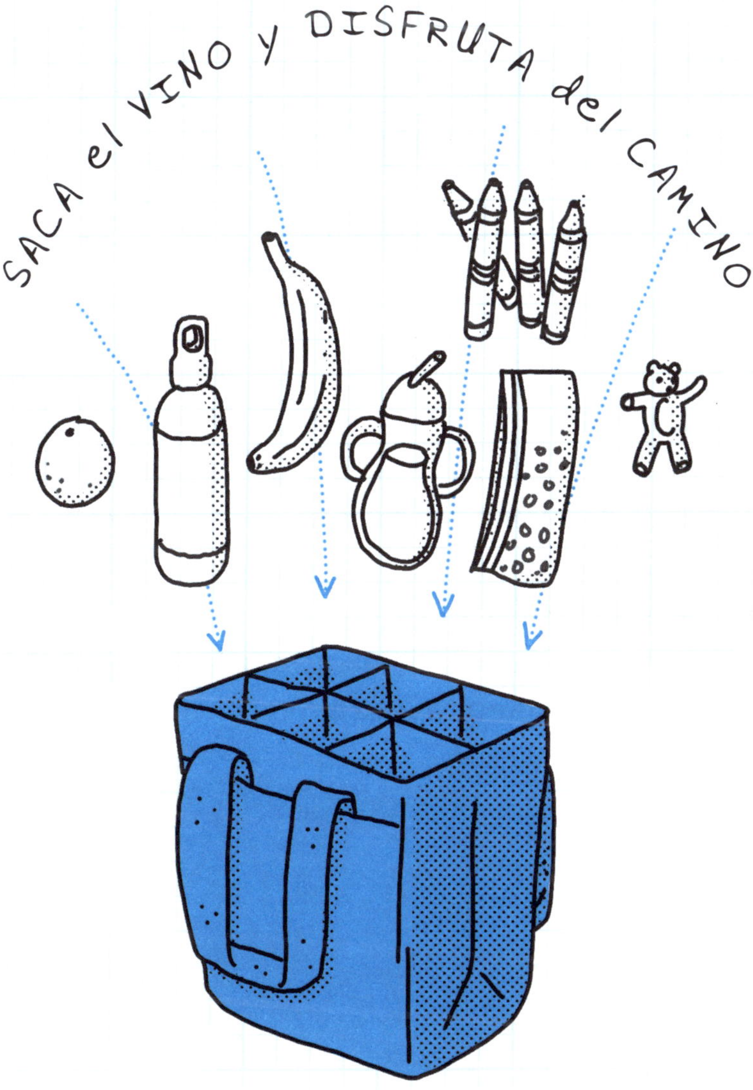
SACA el VINO y DISFRUTA del CAMINO

#113

Si tienes un carrito ligero, ponle pesas tobilleras para que no se tumbe.

La mayoría de nosotros, en caso de necesidad, hemos colgado bolsas de los mangos de un carrito. El problema con los carritos ligeros es que se tumban para atrás en cuanto tu hijo se levanta del carrito.

Para resolver el problema, pon pesas tobilleras en las ruedas delanteras para compensar el peso y estabilizar el carrito.

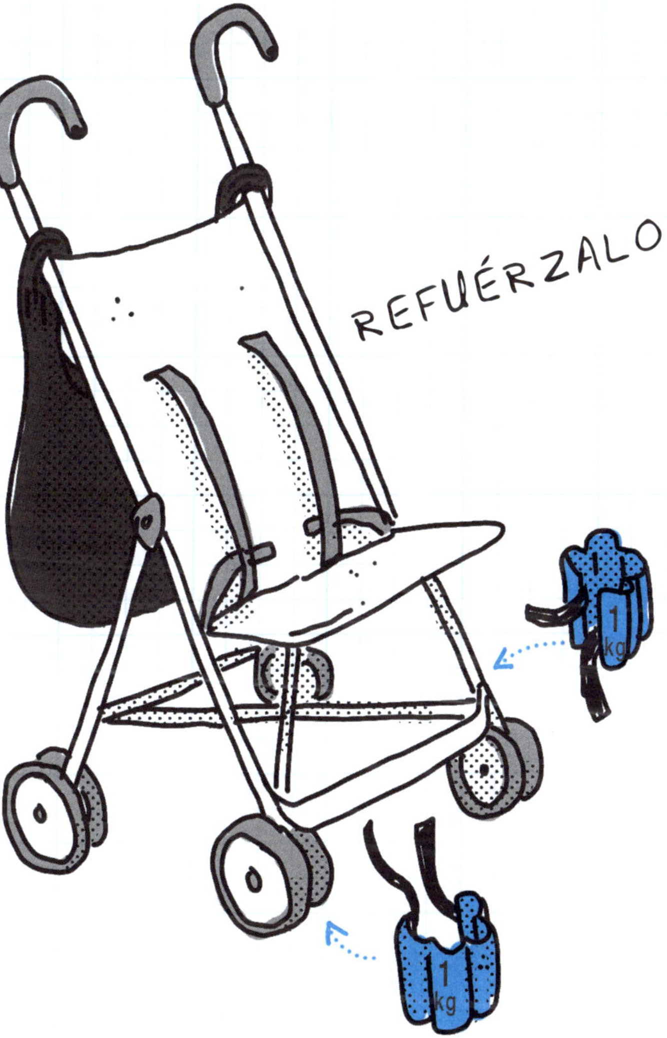
REFUÉRZALO
1 kg
1 kg

#114

Reduce la electricidad estática de los toboganes con una toallita para secadora.

Si alguna vez has sido el «receptor» de un niño que baja por un tobogán, sabrás que te expones a una desagradable descarga electroestática.

Para reducir las descargas, frota una toallita para secadora por el tobogán y las barandillas, y luego haz que tu hijo se siente encima de otra toallita para bajar por el tobogán.

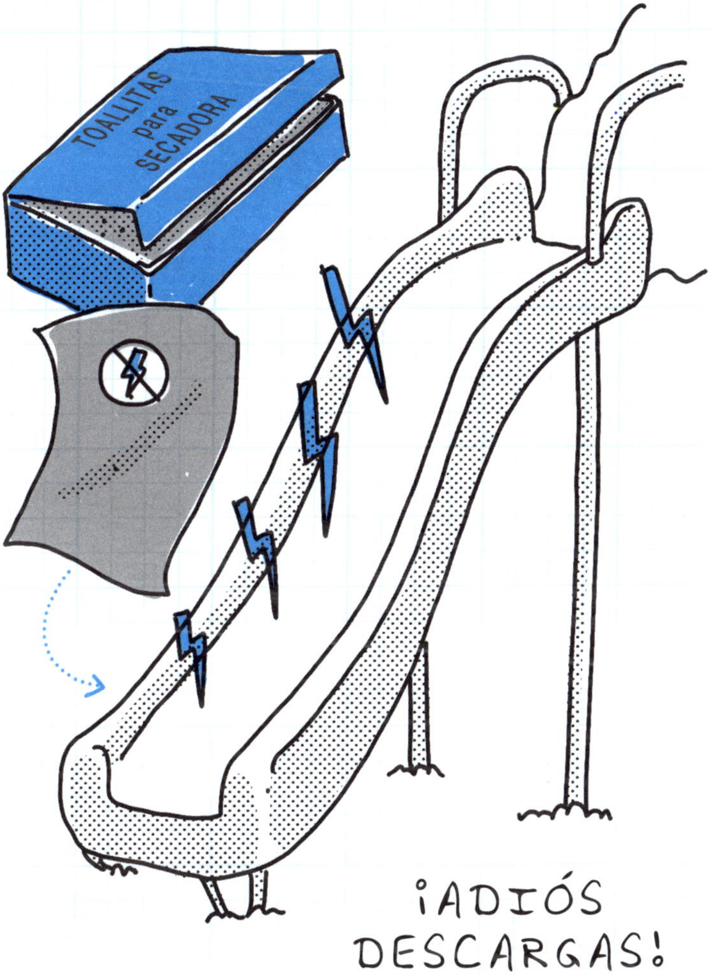
TOALLITAS
para
SECADORA
¡ADIÓS
DESCARGAS!

#115

Dobla los bordes de los manteles para colorear en los restaurantes para que no se escapen las ceras.

¿Por qué las ceras tienen forma cilíndrica? Te preguntas por qué siempre se caen al suelo. Y cuando los recoges, debajo de la mesa del restaurante, ves cosas allí abajo que desearías no haber visto.

He aquí un truco muy sencillo que va bastante bien para que puedas terminar la comida sin recoger ceras: levanta y pliega uno o más bordes de la hoja para colorear con el fin de crear una pequeña barrera entre las ceras y los bordes de la mesa.

PLIEGA por AQUÍ
SOLO para NIÑOS

¡DETÉN las CERAS DESBOCADAS!
SOLO para NIÑOS

#116

Escribe tu número de teléfono en la barriga de tu hijo.

Si tu hijo es propenso a perderse, este truco te dará un poco de paz mental cuando estés en parques temáticos, aeropuertos, desfiles y otros sitios abarrotados de gente. Escribe tu número de teléfono directamente en la barriga o el brazo de tu hijo con un rotulador permanente.

Si prefieres no hacerlo en el cuerpo, escribe tu nombre y número de teléfono en un trozo de esparadrapo y pégaselo por dentro de la camiseta.

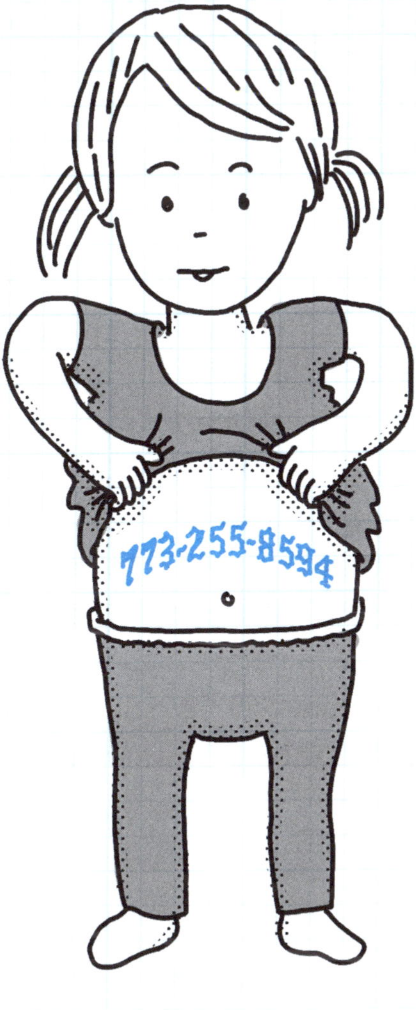
773-255-8594

#117

Oscurece la cuna con la cortina de un hotel o con un cubrecama.

Si estás en un hotel y afuera está oscuro y no hay demasiado ruido, pon la cuna justo al lado de la ventana y cúbrela con las cortinas opacas.

Las cortinas bloquean la luz y el sonido de la habitación y crean un ambiente tranquilo para que el bebé pueda dormirse.

Otra estrategia: cubre parcialmente la cuna con el cubrecama que haya en el hotel para que bloquee lo suficiente la luz y así tu bebé pueda relajarse sin problemas. (Si los cubrecamas de hotel te dan repelús, utiliza una sábana doblada o una manta de bebé.)

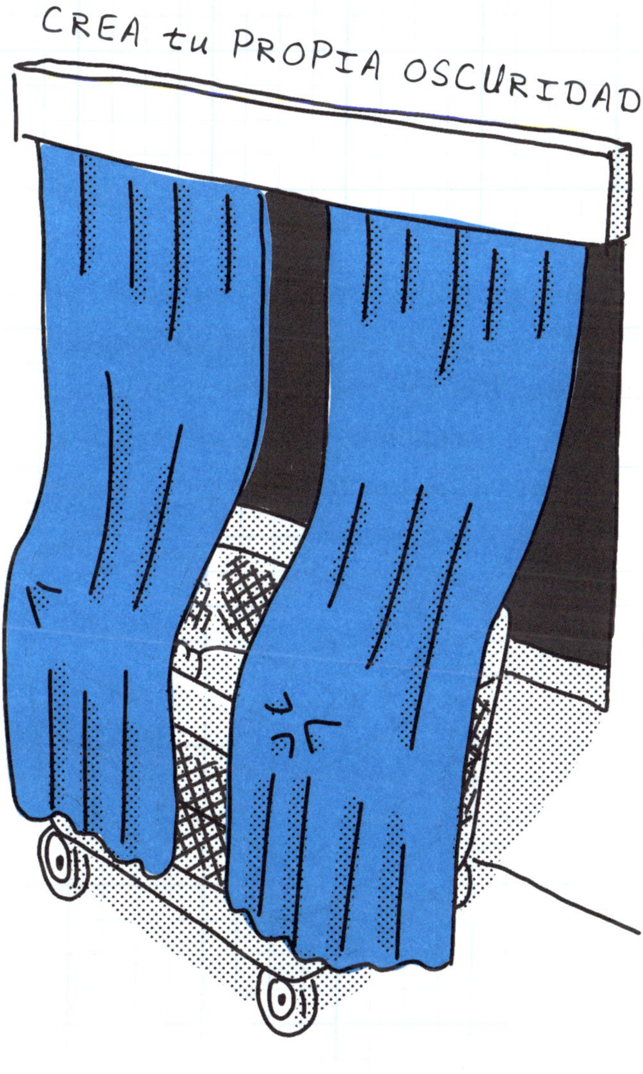
CREA tu PROPIA OSCURIDAD

#118

Tapa los enchufes de la habitación de hotel con tiritas.

¿Quién piensa en ponerlo todo a prueba de niños durante las vacaciones? Improvisa cubriendo los enchufes con tiritas del botiquín de primeros auxilios (o de la recepción). Como alternativa puedes utilizar cinta de carrocero (véanse las páginas 56-57).

Utiliza barritas luminosas como luz de noche de viaje.

Si tu hijo no lleva bien lo de dormir en una habitación desconocida y oscura, llévate esas pulseras hechas de barritas luminosas para que tu hijo se las ponga durante la noche. Seguro que no tiene ni la mitad de miedo.

5 bolsas que puedes tener preparadas para agilizar vuestras salidas de casa

Convierte las bolsas de mano en kits para una sola actividad con el fin de organizar las cosas que sueles guardar en el sitio equivocado o aquello que necesitas para agarrarlo y salir volando. Algunos ejemplos:

1. **Bolsa para devolver/cambiar:** cosas que tienes que devolver, junto con los tiques de compra.

2. **Bolsa para la biblioteca:** libros para devolver.

3. **Bolsa de piscina:** gafas de natación, crema solar, gafas de sol, chanclas, pañal para nadar, champú y suavizante de viaje, un peine o cepillo, toallas y un poco de efectivo para comprar tentempiés.

4. **Bolsa para donar:** ropa, accesorios y otras cosas que quieras donar.

5. **Bolsa de pícnic:** papel de cocina, platos de papel, cubiertos de plástico, servilletas y un hule o una cesta de pícnic.

#120

Sácale la arena de los pies a tu hijo con polvos de talco.

Aquí tienes el secreto para «sacarle» la arena a tu hijo cuando no tengas un grifo cerca: espolvoréale polvos de talco o maicena en abundancia. El polvo secará la piel de inmediato, y podrás sacudir la arena con las manos.

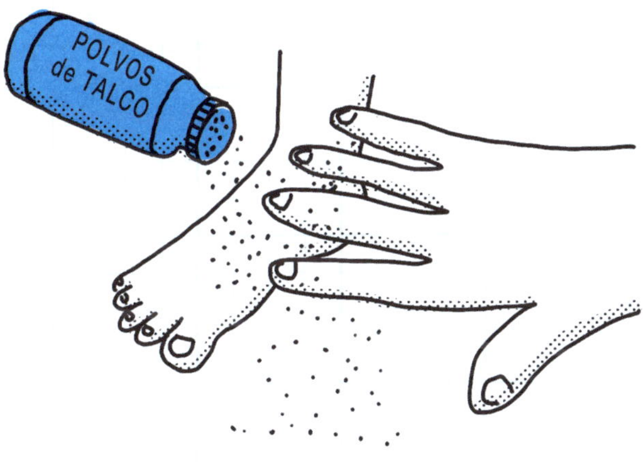

#121

Cuando te bañes en la playa, esconde los objetos de valor en un pañal desechable.

Ya lo tienes todo a punto para bañarte, pero no quieres dejar los objetos de valor sin vigilancia. Aquí tienes la solución: envuelve las llaves y la cartera dentro de un pañal desechable limpio. Pocos ladrones serán tan ruines de atreverse a robarlo o investigar lo que hay dentro. Simplemente asegúrate de no tirar por error tu «paquete especial» a la basura cuando te vayas.

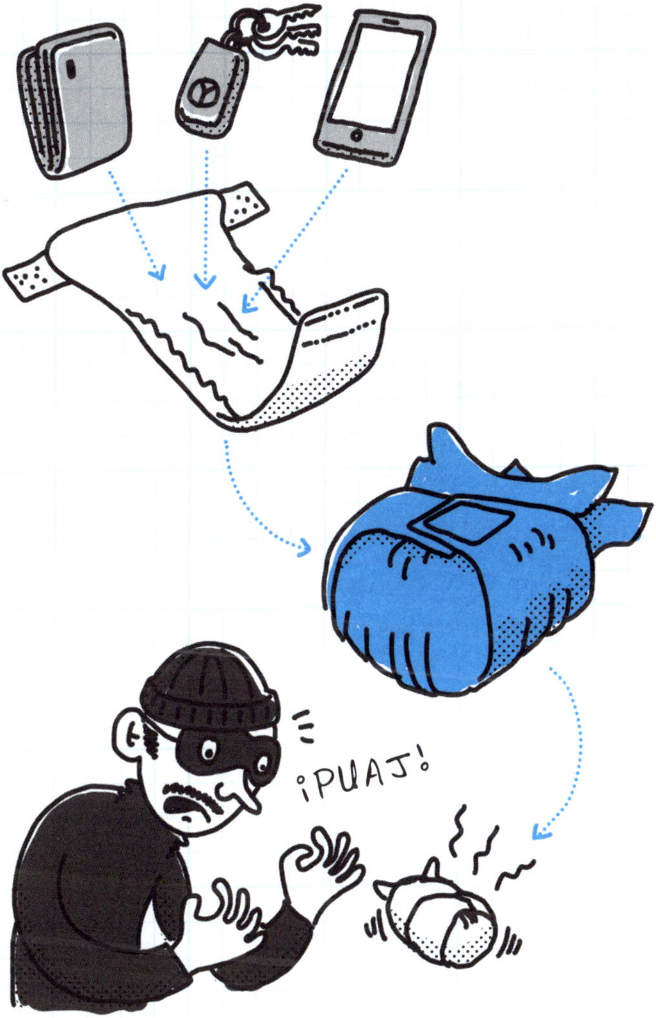
¡PUAJ!

#122

Utiliza un trineo de plástico para remolcar las cosas de playa.

¡Vamos a la playa! Suena muy sencillo hasta que te acuerdas de que tienes que llevar a los niños, las toallas, los juguetes y la comida desde el coche hasta ese sitio perfecto junto al agua.

La solución es un elemento del juego invernal: un trineo de plástico. Carga el trineo con todas las cosas de playa y arrástralo por la arena, así te ahorrarás varios viajes al coche.

¡TODO el AÑO
en TRINEO!

7 maneras de entretener a tus hijos en un avión (sin aparatos electrónicos)

Los niños tienen la habilidad de acabarse todos los entretenimientos que les hayas llevado para el vuelo pocos minutos después del despegue. Aquí tienes algunas ideas usando elementos que encontrarás en la mayoría de los aviones.

1 **Crea** títeres de guante con bolsas para el mareo.

2 **Busca** imágenes de aviones o perritos o flores en la revista de a bordo.

3 **Dibuja** bigotes, cejas y sombreros en las caras de los anuncios de la revista.

4 **Explora** el mapa con la ruta que aparece al final de la revista.

5 **Pide** a un auxiliar de vuelo que te traiga un periódico o una nueva revista para leer.

6 **Pide** una manta para crear un «fuerte» en el asiento.

7 **Utiliza** vasos de plástico y palitos para remover el café (en la página 227 encontrarás formas divertidas de jugar con ellos).

Capítulo 11

Fiestas y ocasiones especiales

Los cumpleaños y las fiestas redoblan la ansiedad incluso de los padres más tranquilos.

La gente echa la culpa a las revistas de tendencias por crear expectativas perfectas, pero yo creo que va más allá. Queremos que nuestros hijos crezcan con recuerdos felices, así que nos ponemos presión para que los Grandes Momentos vayan a la perfección. «Tendría que decorar un poco. Tendría que hacer yo misma el pastel.»

Pero las mejores fiestas y celebraciones están llenas de risas, conversaciones y ganas de pasarlo bien. A nadie le importa si has comprado el pastel o si has improvisado la decoración (o si no has puesto adornos).

#123

Corta el pastel con hilo dental.

Si tienes que cortar el pastel en una mesa llena de niños alborotados, olvídate del cuchillo. Enróllate en los dedos un trozo de hilo dental sin sabor, pon el hilo sobre el pastel y presiónalo hacia abajo de manera firme y uniforme; es un recurso más limpio, rápido y seguro.

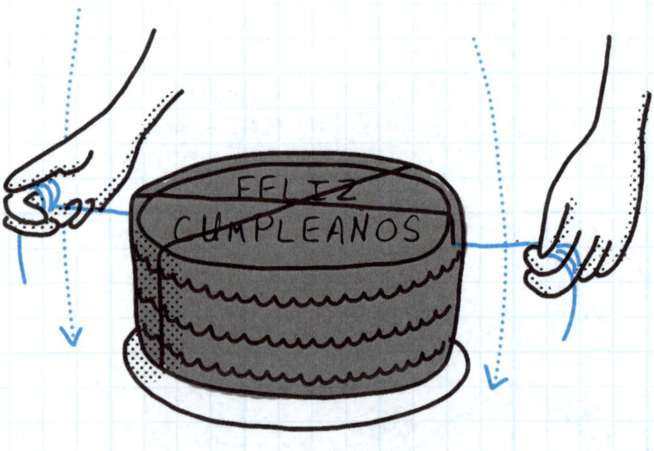

#124

Guarda bien el papel de regalo usando un rollo de papel higiénico a modo de «esposas».

Corta un rollo de papel higiénico a lo largo para crear unas esposas para los rollos de papel de regalo. El papel estará perfectamente enrollado al guardarlo.

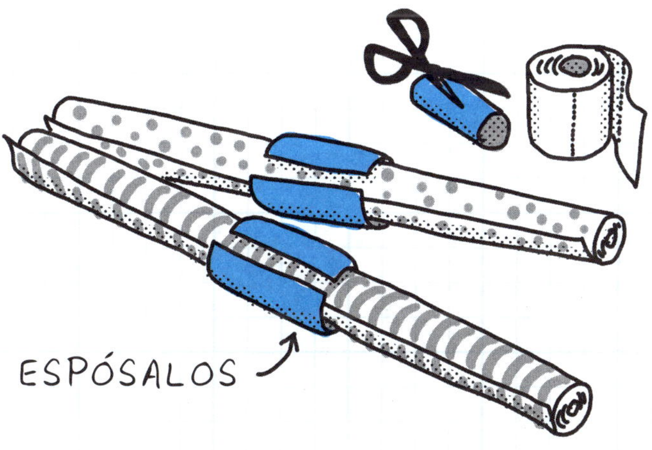

#125

Utiliza un molde para magdalenas para servir bebidas.

Aquí tienes una estrategia estupenda para las bulliciosas fiestas de cumpleaños. Pon vasos de plástico en los agujeros de un molde para magdalenas. Llena los vasos en la cocina y luego sírveselos a los invitados de la fiesta utilizando una bandeja que no te hará derramar las bebidas.

Tiñe los huevos de Pascua en un molde para magdalenas.

Decorar los huevos de Pascua nunca dejará de ser un proyecto caótico, pero puedes minimizar los derrames sustituyendo los tambaleantes boles de tinte por un gran molde de magdalenas. Cada agujero puede contener un color de tinte diferente.

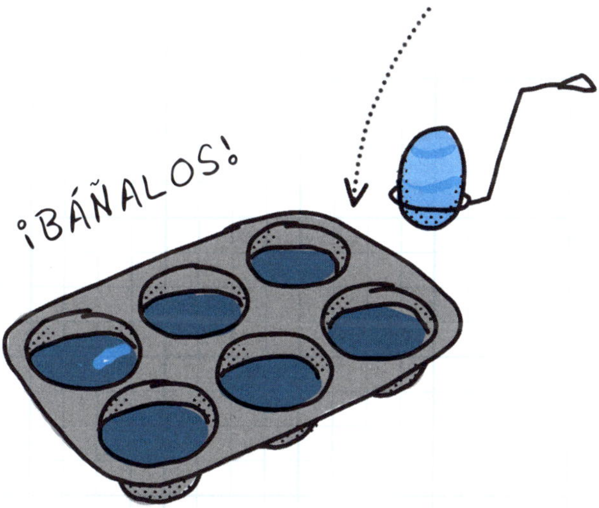

#127

Sumerge los huevos de Pascua en el tinte con una cuchara de pasta.

Bañar los huevos de Pascua en el tinte es mucho más rápido (y limpio) si utilizas un utensilio en vez de los dedos. Una cuchara de pasta tiene la forma ideal para sumergir un huevo en el tinte y luego pescarlo mientras dejas que se escurra el exceso de tinte.

El resto del año utiliza esta cuchara de pasta para rescatar juguetes pequeños que se hayan escondido debajo del sofá.

COMBINA BIEN
con PASTA
y con HUEVOS

HACIENDO las VECES de BOLSA y ORGANIZADOR, una

CESTA DE LA COLADA

de PLÁSTICO PUEDE LLENARSE, GIRARSE BOCA ABAJO, TRANSPORTARSE y SUMERGIRSE. AQUÍ TIENES ALGUNAS IDEAS...

SOPORTE para que el BEBÉ APRENDA a CAMINAR
BOLSA de PLAYA
CANASTA para FRISBI
CUBO para LIMPIAR VERDURAS en el JARDÍN
MOISÉS
TREN de INTERIOR
ORGANIZADOR de MALETERO

#128

Cuelga un cartelito en el pomo de la puerta de la habitación para ayudar al olvidadizo ratoncito Pérez.

Integra un elemento recordatorio en el ritual del ratoncito Pérez que siga tu familia. Cuelga un lazo con un cartelito en el pomo de la puerta de la habitación de tu hijo para indicar que hay que recoger un diente. Luego ponte una alarma en el móvil por si acaso.

Dibuja los agujeros de la calabaza de Halloween con un rotulador lavable.

Hazte la vida más fácil a la hora de hacerle los agujeros a la calabaza dibujándole antes la cara con rotuladores lavables. Una vez que hayas terminado de tallar los agujeros, puedes limpiar las líneas de rotulador con un papel de cocina húmedo.

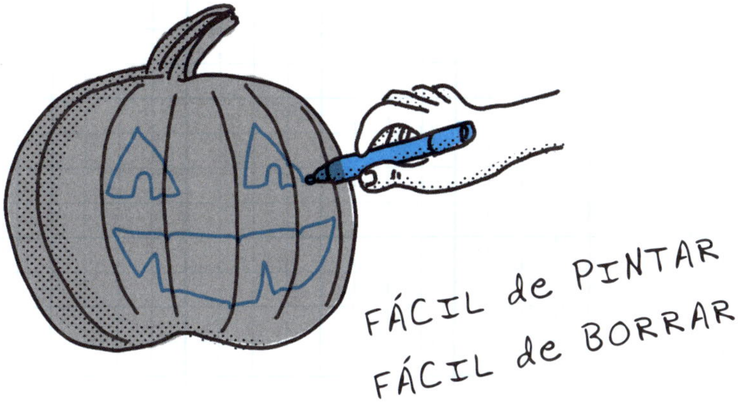

#130

Cuelga los zapatos que le vayan pequeños a tu hijo en el árbol de Navidad junto con otros adornos.

Si no puedes soportar el hecho de donar los zapatos y juguetes que le hayan quedado pequeños a tu hijo, reutilízalos para decorar el árbol de Navidad.

Utiliza fundas de almohada para envolver regalos de Navidad.

Ahórrate las caras bolsas de regalo y envuelve los regalos de la familia en fundas de almohada o servilletas de tela para ahorrar tiempo, celo y árboles. La diversión está en la sorpresa (y en saber que casi no tendrás que limpiar después de abrir los regalos).

#132

Organiza los adornos de Navidad con separadores de cerveza.

Los separadores que vienen en las cajas de cerveza son iguales (y sirven igual) que los separadores de adornos que puedes encontrar en las tiendas, y puedes utilizarlos para mantener los adornos ordenados y protegidos durante todo el año. Otras opciones son hueveras de cartón, el forro de cartón corrugado de dentro de los paquetes de bombillas y las cajas de plástico para la fruta (las manzanas y las peras de calidad a veces vienen envasadas así, sobre todo, y oportunamente, cuando se acercan las fiestas).

CERVEZA
NAVIDEÑA
MALA UVA

#133

Cuelga campanitas del árbol de Navidad a modo de «alarma para bebés».

Un maravilloso árbol perenne, de dos metros y medio, decorado con bolas bonitas y brillantes, y luces chispeantes, aparece de repente en el salón. ¿Qué bebé con un poco de dignidad no se pondría a examinarlo?

En vez de librar una batalla perdida para mantener a tu hijo lejos del árbol, cuelga grandes campanitas (esas que puedes comprar en tiendas de manualidades para decorar guirnaldas) en las ramas más bajas del árbol. Así, cuando tu hijo se sienta curioso, oirás las campanitas y podrás intervenir.

¡CLING!

#134

Usa un abrelatas y un cortaúñas para abrir envoltorios de juguetes.

No hay nada que inspire más la «rabia de abrir regalos» que los envoltorios de plástico rígido sellado por los bordes y las sujeciones antirrobo que protegen los juguetes nuevos. Cuando te encuentres con un envoltorio diabólico, usa un abrelatas y un cortaúñas.

Abre los bordes del envoltorio con el abrelatas y luego corta los cables antirrobo con el cortaúñas.

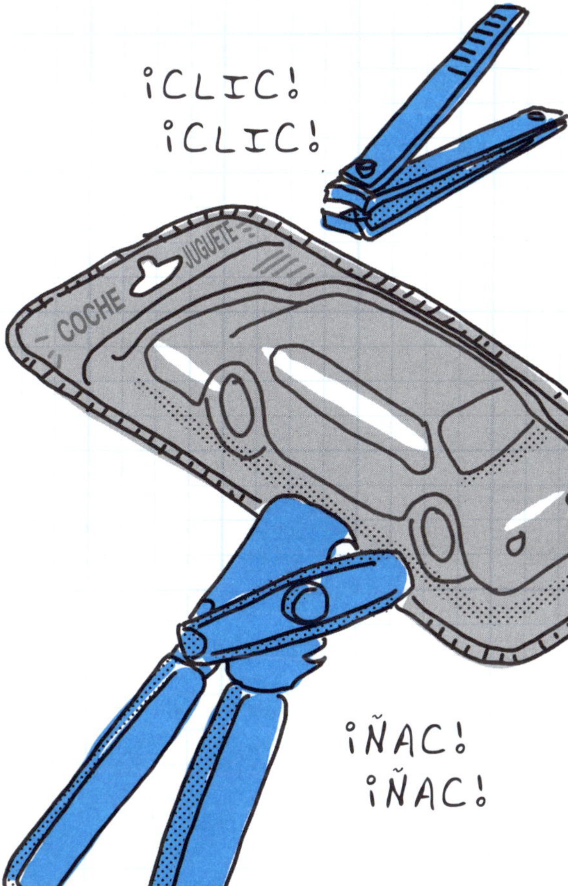
¡CLIC!
¡CLIC!
JUGUETE
COCHE
¡ÑAC!
¡ÑAC!

6 consejos para contratar a un canguro del barrio

Los jóvenes responsables de tu barrio necesitan un trabajo y tú, un respiro. Esto es lo que tienes que hacer.

1 **Kilómetro cero.** Los canguros requieren confianza por ambas partes. Contacta con jóvenes (y padres) que veas a diario. Ventaja: los canguros que pueden volver a casa andando son los MEJORES.

2 **Haz una prueba.** Empieza con una hora o dos mientras tú estés en casa. Os conoceréis todos, y nadie tendrá que acostar a nadie.

3 **Comunicaos por mensajes de texto.** Asegúrate de enviar los mensajes fuera del horario escolar.

4 **Envía un mensaje de confirmación el mismo día.** La comunicación abierta y frecuente siempre es algo bueno.

5 **Tenlo todo a punto.** El bolso cambiador lleno. Una llave extra. Números de emergencia. Tentempiés y comidas para tus hijos y el canguro. Pijamas y una muda de ropa.

6 **Paga bien.** Entérate de cuál es la tarifa habitual y redondéala al alza.

Agradecimientos

Este libro es fruto de más de diez años de conversaciones con miles de personas. Me quedaría corta diciendo que la magnitud de la amistad, el aprendizaje y la generosidad que he recibido a raíz del blog *Parent Hacks* («Trucos para padres») es extraordinaria.

A los lectores de *ParentHacks.com* les debo mi más sincera gratitud. Cuando lancé mis pensamientos y preguntas al vacío, vosotros respondisteis, y cuando más necesitaba el apoyo de una comunidad, estuvisteis ahí. Eso siempre lo valoraré como un milagro.

La parte más difícil de escribir este libro fue elegir qué trucos incluir. Fue un proceso meticuloso y tardé meses, pero después de revisar a conciencia miles de trucos, finalmente nos decidimos por nuestros favoritos. Un agradecimiento especial a los donantes superestrella de estos trucos.

Muchas de mis queridas amistades surgieron de un simple correo electrónico o de un comentario en un blog. Lo que empezó como un grupo de personas compartiendo historias ha acabado convirtiéndose en una crucial comunidad de escritores, artistas y creadores. Esta comunidad me ha aportado risas, apoyo y tonterías durante años. Le mando todo mi cariño a: Jessica Ashley, Gabrielle Blair, Alice Bradley, Kristen Chase, Amy Allen Clark, Catherine Connors, Anna Fader, Heather Flett, Meagan Francis, Doug French, Liz Gumbinner, Jeannine Harvey, Christine Koh, Emily McKhann, Whitney Moss, Cooper Munroe, Kyran Pittman, Gretchen Rubin, Karen Walrond, Ginny Wolfe y Rebecca Woolf. Ojalá pudiera nombrar a todas y cada una de las personas que me han inspirado.

Gracias a los organizadores de las conferencias que desataron colaboraciones y amistades: Lisa Stone, Elisa Camahort Page y Jory des Jardins (BlogHer); Laura Mayes y Carrie Pacini (Mom 2.0 Summit); Alli Worthington, Barbara Jones, Paula Bruno y Megan Jordan (BlissDom); Maggie Mason y Laura Mayes (Broad Summit y Camp Mighty); Stacey Ferguson (Blogalicious); Jyl Johnson Pattee y Rachel Herrscher (Evo), y Chris Guillebeau (World Domination Summit).

También quiero expresar mi agradecimiento a mis primeros mentores y seguidores: Brenda Kienan (mi primera editora), Tim O'Reilly de O'Reilly Media, Cory Doctorow de *BoingBoing.net*, Dave Pell de *NextDraft.com*, Dina Freeman de *BabyCenter.com* y John Battelle de Federated Media.

Mi relación con Workman Publishing parece haber sido obra del destino desde el primer día. Estoy muy agradecida de haber tenido un equipo tan increíble: mi editora Megan Nicolay, mi diseñador Jean-Marc Troadec, las genios de la publicidad y el marketing Selina Meere, Jessica Wiener y Noreen Herits, la editora Susan Bolotin, así como Kate Karol, Claire McKean y Liz Davis. Un agradecimiento especial a los autores de Workman, Austin Kleon y Jessica Hagy, por su compañerismo y sus consejos, y a la antigua miembro de Workman, Netta Rabin, por defender este libro (y a Morgan Shanahan y Mike Spohr de Buzzfeed Parents por conseguir que Netta me encontrara).

Adrienne Jones y Kris-Ann Race me ayudaron a juntar las primeras versiones del manuscrito. Gracias a las dos por ayudarme a lidiar con una parte especialmente abrumadora del proceso con la fortaleza y el apoyo dignos de un superhéroe.

Soy afortunada de contar con las ilustraciones de Craighton Berman en estas páginas, que han dado vida a *¿Qué hago con este bebé?* con energía y humor.

Un gran agradecimiento a Josh Getzler de la Agencia Hannigan Salky Getzler por su apoyo incondicional, su sabiduría y sus ánimos.

Finalmente, quiero dar las gracias a mi familia. Nunca podré agradecérselo lo suficiente. A mis padres y a mis suegros les estaré eternamente agradecida. A mi marido, Rael, que está a mi lado en todos los sentidos y, normalmente, haciéndome reír. Y a mis hijos, Sam y Mirabai, por ser el inicio glorioso de todo esto y por no dejar de asombrarme cada día.